EinFach Deutsch

Unterrichtsmodell

Literatur und Sprache um 1900

Von
Christine Mersiowsky

Herausgegeben von
Johannes Diekhans

Baustein 3: Vielfalt lyrischen Sprechens: Was ist der Mensch? – Lebensfragen und Sinnentwürfe (S. 50–71 im Modell)

3.1	Was ist der Mensch? – Eine Begriffsbestimmung	Mensch (S. 46f.)	Textarbeit Schreibauftrag Tafelskizze
3.2	Wandel des Menschenbildes	Menschliches Elende (S. 50), Das Göttliche (S. 52), Der Arzt (S. 53)	Textarbeit Arbeitsblätter 1–3 Tafelskizze
3.3	Lebenskonzepte	Die zwei Gesellen (S. 54f.)	Textarbeit Schreibauftrag Tafelskizze
3.4	Stationen des Lebenslaufes	Stufen (S. 56), Kurzgefasster Lebenslauf (S. 56f.)	Textarbeit Schreibauftrag Tafelskizze
3.5	Lebenskrisen und Identitätsprobleme	Selbstbildnis im Supermarkt (S. 58), Gustav (S. 59)	Textarbeit Schreibauftrag Tafelskizze

Baustein 4: Sprache als Thema der Lyrik und die Suche nach neuen Ausdrucksformen (S. 72–82 im Modell)

4.1	Sprachskepsis und Sprachkritik in der Moderne	Ich fürchte mich so vor der Menschen Wort (S. 60), Wünschelrute (S. 61)	Textarbeit Schreibauftrag Tafelskizze
4.2	Sprachexperimente in der Moderne	Sturmangriff (S. 62), Karawane (S. 64)	Textarbeit Schreibauftrag Tafelskizze
4.3	Versuche zur Überwindung der Sprachkrise um 1900	Sturmangriff (S. 62), Karawane (S. 64)	Textarbeit Schreibauftrag Tafelskizze

Baustein 5: Produktiver Umgang mit Lyrik (S. 83–102 im Modell)

5.1	Kreatives Schreiben: Einen epischen Text zu einem lyrischen Text verdichten	Die Verwandlung (S. 67f.)	Kreatives Schreiben
5.2	Poetry-Slam: Ein Gedicht performen	Liebeserklärung an eine Chinesin (S. 69f.)	Szenisches Lesen Arbeitsblatt 4
5.3	Filmprojekt: Ein Gedicht verfilmen		Schreibauftrag Szenisches Spiel Arbeitsblätter 5–7

Literatur und Sprache um 1900

Baustein 1: Krise und Erneuerung des Erzählens (S. 12–42 im Modell)

1.1	Beginn der Moderne: Die Welt um 1900	Gabriele D'Annunzio (S. 6*)	Schreibauftrag, Tafelskizze
1.2	Literatur im ausgehenden 19. Jahrhundert	Effi Briest (S. 7 ff.), Bahnwärter Thiel (S. 14 f.)	Textarbeit, Schreibauftrag, Tafelskizze
1.3	Literatur um die Jahrhundertwende: Der Impressionismus (1890–1910)	Fräulein Else (S. 17 f.)	Textarbeit, Schreibauftrag, Tafelskizze
1.4	Literatur zu Beginn des 20. Jahrhunderts: Der Expressionismus (1910–1920)	Berlin Alexanderplatz (S. 19 ff.)	Textarbeit, Schreibauftrag, Tafelskizze
1.5	Literatur zur Zeit der Weimarer Republik: Die Neue Sachlichkeit (1920–1932)	Das kunstseidene Mädchen (S. 22 ff.)	Textarbeit, Schreibauftrag, Tafelskizze
1.6	Das Ich in der Krise: Literatur um 1900 im Vergleich	diverse Auszüge (vgl. 1.2–1.5)	Schreibauftrag, Tafelskizze
1.7	Neue Ausdrucksformen der Epik: Traditionelles und modernes Erzählen im Vergleich	diverse Auszüge (vgl. 1.2–1.5)	Textarbeit, Schreibauftrag, Tafelskizze
1.8	Einfluss wissenschaftlicher Erkenntnisse auf die Literatur	Der tolle Mensch (S. 32), Also sprach Zarathustra (S. 33 f.), Abriss der Psychoanalyse (S. 34 ff.), Hochzeitsvorbereitungen auf dem Lande (S. 36 f.)	Schreibauftrag, Tafelskizze

Baustein 2: Die Großstadt als literarisches Thema (S. 43–49 im Modell)

2.1	Die Stadt – Ort der Entfaltung oder der (Selbst-)Entfremdung?	Die Aufzeichnungen des Malte Laurids Brigge (S. 38 f.)	Textarbeit, Schreibauftrag, Tafelskizze
2.2	Die Stadt als Moloch und Spiegel sozialer Gegensätze	Metropolis (S. 40 ff.), Berlin Alexanderplatz (S. 19 ff.), Städter (S. 45)	Textarbeit, Schreibauftrag, Tafelskizze

---

* Die Seitenangaben in der mittleren Spalte beziehen sich auf das Schülerarbeitsheft „Literatur und Sprache um 1900" (Best.-Nr.: 022622).

Bildnachweis:

S. 9: akg-images GmbH – **S. 42:** © Design Praxis - Fotolia.com – **S. 70 + 71 o.:** Mauritshuis, The Hague – **S. 70 + 71 Mitte:** Neu abfotografiert im Städel-Museum Frankfurt von Martin Kraft – **S. 70 + 71 u.:** © Ludwig Meidner-Archiv, Jüdisches Museum der Stadt Frankfurt am Main/akg-images GmbH – **S. 89:** © robodread - Fotolia.com – **S. 92, 95 o., 97, 98, 99 o., 100:** © Afanasiev Oleksil - Fotolia.com – **S. 93, 94:** Heinrich Drescher/Verlagsarchiv Schöningh – **S. 95 Mitte/u., 96:** Reinhild Kassing/Verlagsarchiv Schöningh – **S. 99 u.:** Axel Rogge: Die Videoschnitt-Schule. Tipps und Tricks für spannendere und überzeugendere Filme. 2. Aufl. Galileo Design. Bonn: 2006, S. 18 f. – **S. 107:** akg-images GmbH – **S. 122:** FJ Domke/Verlagsarchiv Schöningh – weitere: Verlagsarchiv Schöningh

Sollte trotz aller Bemühungen um korrekte Urheberangaben ein Irrtum unterlaufen sein, bitten wir darum, sich mit dem Verlag in Verbindung zu setzen, damit wir eventuell erforderliche Korrekturen vornehmen können.

© 2015 Bildungshaus Schulbuchverlage
Westermann Schroedel Diesterweg Schöningh Winklers GmbH
Braunschweig, Paderborn, Darmstadt

www.schoeningh-schulbuch.de
Schöningh Verlag, Jühenplatz 1–3, 33098 Paderborn

Das Werk und seine Teile sind urheberrechtlich geschützt.
Jede Nutzung in anderen als den gesetzlich zugelassenen Fällen bedarf der
vorherigen schriftlichen Einwilligung des Verlages.
Hinweis zu § 52a UrhG: Weder das Werk noch seine Teile dürfen ohne eine
solche Einwilligung gescannt und in ein Netzwerk gestellt werden.
Das gilt auch für Intranets von Schulen und sonstigen Bildungseinrichtungen.

Auf verschiedenen Seiten dieses Buches befinden sich Verweise (Links) auf
Internetadressen. Haftungshinweis: Trotz sorgfältiger inhaltlicher Kontrolle wird
die Haftung für die Inhalte der externen Seiten ausgeschlossen. Für den Inhalt
dieser externen Seiten sind ausschließlich deren Betreiber verantwortlich.
Sollten Sie dabei auf kostenpflichtige, illegale oder anstößige Inhalte treffen, so
bedauern wir dies ausdrücklich und bitten Sie, uns umgehend per E-Mail davon
in Kenntnis zu setzen, damit beim Nachdruck der Verweis gelöscht wird.

Druck 5 4 3 2 1 / Jahr 2019 18 17 16 15
Die letzte Zahl bezeichnet das Jahr dieses Druckes.

Umschlaggestaltung: Jennifer Kirchhof
Druck und Bindung: westermann druck GmbH, Braunschweig

ISBN 978-3-14-022623-3

Vorwort

Der vorliegende Band ist Teil einer Reihe, die Lehrerinnen und Lehrern erprobte und an den Bedürfnissen der Schulpraxis orientierte Unterrichtsmodelle zu ausgewählten Ganzschriften und weiteren relevanten Themen des Faches Deutsch bietet.
Im Mittelpunkt der Modelle stehen Bausteine, die jeweils thematische Schwerpunkte mit entsprechenden Untergliederungen beinhalten.
In übersichtlich gestalteter Form erhält der Benutzer/die Benutzerin zunächst einen Überblick zu den im Modell ausführlich behandelten Bausteinen.

Es folgen:

- Vorüberlegungen zum Einsatz der Materialien im Unterricht
- Hinweise zur Konzeption des Modells
- Ausführliche Darstellung der einzelnen Bausteine
- Zusatzmaterialien

Ein besonderes Merkmal der Unterrichtsmodelle ist die Praxisorientierung. Enthalten sind kopierfähige Arbeitsblätter, Vorschläge für Klassen- und Kursarbeiten, Tafelbilder, konkrete Arbeitsaufträge, Projektvorschläge. Handlungsorientierte Methoden sind in gleicher Weise berücksichtigt wie eher traditionelle Verfahren der Texterschließung und -bearbeitung.
Das Bausteinprinzip ermöglicht es dabei den Benutzern, Unterrichtsreihen in unterschiedlicher Weise und mit unterschiedlichen thematischen Akzentuierungen zu konzipieren. Auf diese Weise erleichtern die Modelle die Unterrichtsvorbereitung und tragen zu einer Entlastung der Benutzer bei.

Das vorliegende Modell bezieht sich auf das folgende Arbeitsheft:

> Literatur und Sprache um 1900. Arbeitsheft. Erarbeitet von Christine Mersiowsky. Herausgegeben von Johannes Diekhans. Paderborn: Schöningh Verlag 2014.
> ISBN: 978-3-14-022622-6
> Das Arbeitsheft finden Sie auch als PDF-Dokument auf der beiliegenden CD-ROM.

 Arbeitsfrage

 Einzelarbeit

 Partnerarbeit

 Gruppenarbeit

 Unterrichtsgespräch

 Schreibauftrag

 szenisches Spiel, Rollenspiel

 Mal- und Zeichenauftrag

 Bastelauftrag

 Projekt, offene Aufgabe

Inhaltsverzeichnis

1. **Vorüberlegungen zum Einsatz der Materialien im Unterricht** 10

2. **Konzeption des Unterrichtsmodells** 11

3. **Die thematischen Bausteine des Unterrichtsmodells** 12

   Baustein 1: Krise und Erneuerung des Erzählens 12
   1.1 Beginn der Moderne: Die Welt um 1900   12
   1.2 Literatur im ausgehenden 19. Jahrhundert   14
   1.2.1 Der Poetische Realismus (1850–1895)   14
   1.2.2 Der Naturalismus (1880–1900)   19
   1.3 Literatur um die Jahrhundertwende: Der Impressionismus (1890–1910)   21
   1.4 Literatur zu Beginn des 20. Jahrhunderts: Der Expressionismus (1910–1920)   24
   1.5 Literatur zur Zeit der Weimarer Republik: Die Neue Sachlichkeit (1920–1932)   28
   1.6 Das Ich in der Krise: Literatur um 1900 im Vergleich   32
   1.7 Neue Ausdrucksformen der Epik: Traditionelles und modernes Erzählen im Vergleich   34
   1.8 Einfluss wissenschaftlicher Erkenntnisse auf die Literatur   36
   1.8.1 Friedrich Nietzsches philosophischer Nihilismus   36
   1.8.2 Sigmund Freuds Psychoanalyse   39

   Baustein 2: Die Großstadt als literarisches Thema 43
   2.1 Die Stadt – Ort der Entfaltung oder der (Selbst-)Entfremdung?   43
   2.2 Die Stadt als Moloch und Spiegel sozialer Gegensätze   46

   Baustein 3: Vielfalt lyrischen Sprechens: Was ist der Mensch? – Lebensfragen und Sinnentwürfe 50
   3.1 Was ist der Mensch? – Eine Begriffsbestimmung   50
   3.2 Wandel des Menschenbildes   52
   3.2.1 Das Menschenbild im Barock   53
   3.2.2 Das Menschenbild der Weimarer Klassik   54
   3.2.3 Das Menschenbild im Expressionismus   55
   3.2.4 Vergleichende Analyse der Menschenbilder   58
   3.3 Lebenskonzepte   58
   3.4 Stationen des Lebenslaufes   60
   3.5 Lebenskrisen und Identitätsprobleme   64
   Arbeitsblatt 1: Gruppenpuzzle: Wandel des Menschenbildes   69
   Arbeitsblatt 2: Auswertungsbogen (Gruppenpuzzle)   70
   Arbeitsblatt 3: Lösungs-/Kontrollbogen für die Expertengruppen (Gruppenpuzzle)   71

Baustein 4: Sprache als Thema der Lyrik und die Suche nach neuen Ausdrucksformen 72
4.1   Sprachskepsis und Sprachkritik in der Moderne   72
4.2   Sprachexperimente in der Moderne   75
4.2.1 Der Expressionist August Stramm   75
4.2.2 Der Dadaist Hugo Ball   78
4.3   Versuche zur Überwindung der Sprachkrise um 1900   80

Baustein 5: Produktiver Umgang mit Lyrik   83
5.1   Kreatives Schreiben: Einen epischen Text zu einem lyrischen Text verdichten   83
5.2   Poetry-Slam: Ein Gedicht performen   83
5.3   Filmprojekt: Ein Gedicht verfilmen   84
5.3.1 Die Projektarbeit planen und durchführen   84
5.3.2 Die filmsprachlichen Mittel praktisch erproben   86
Arbeitsblatt 4:   Bewertungsbogen für die Performance der Live-Poeten („Slammer")   89
Arbeitsblatt 5:   Beobachtungsbogen zu den selbst verfilmten Gedichten   90
Arbeitsblatt 6a: Lernzirkel „Elemente des Films" – Station 1: Kameraführung (1)   92
Arbeitsblatt 6b: Lernzirkel „Elemente des Films" – Station 2: Kameraführung (2)   95
Arbeitsblatt 6c: Lernzirkel „Elemente des Films" – Station 3: Beleuchtung   97
Arbeitsblatt 6d: Lernzirkel „Elemente des Films" – Station 4: Ton   98
Arbeitsblatt 6e: Lernzirkel „Elemente des Films" – Station 5: Filmschnitt   99
Arbeitsblatt 7:   Lernzirkel „Elemente des Films" – Lösungsvorschläge   100

4. Zusatzmaterialien   103

Z 1: Klausurvorschläge   103
Z 2: Philipp Blom: Der taumelnde Kontinent. Europa 1900–1914   117
Z 3: Das Leben in der Großstadt: Berlin um 1900 – Eine Fantasiereise   119
Z 4: Traditionelles und modernes Erzählen im Vergleich   121
Z 5: Ablauf eines Gruppenpuzzles (Folie)   122
Z 6: Friedrich Nietzsche: Über Wahrheit und Lüge im außermoralischen Sinne   123
Z 7: Checkliste für den „Master of Ceremony" zur Organisation des Poetry-Slams   125
Z 8: Formen der Lyrikverfilmung   126
Z 9: Einen Kurzfilm ohne Vorkenntnisse produzieren: Der 08/15-Film   127

5. Literaturhinweise   128

Literatur und Sprache um 1900

Rette mich, Paul. Ich beschwöre dich. Lass mich doch nicht sterben. Jetzt ist's noch Zeit. Aber dann werde ich einschlafen und ihr werdet es nicht wissen. Ich will nicht sterben. So rette mich doch. Es war nur wegen Papa. Dorsday hat es verlangt. Paul! Paul! – *„Schau mal her, Cissy, scheint dir nicht, dass sie lächelt?" – „Wie sollte sie nicht lächeln, Paul, wenn du immerfort zärtlich ihre Hand hältst."* – Cissy, Cissy, was habe ich dir denn getan, dass du so böse zu mir bist. Behalte deinen Paul – aber lasst mich nicht sterben. Ich bin noch so jung. Die Mama wird sich kränken. Ich will noch auf viele Berge klettern. Ich will noch tanzen. Ich will auch einmal heiraten. Ich will noch reisen. [...] Ich habe Veronalica genommen. Das läuft mir über die Beine, rechts und links, wie Ameisen. [...] Warum lasst ihr mich denn allein durch die Wüste laufen? Ich habe ja Angst so allein. Ich werde lieber fliegen. Ich habe ja gewusst, dass ich fliegen kann.

„Else!" ...
„Else!" ...
Wo seid ihr denn? Ich höre euch, aber ich sehe euch nicht.
„Else!" ...
„Else!" ...
„Else!" ...
Was ist das denn? Ein ganzer Chor? Und Orgel auch? Ich singe mit. Was ist es denn für ein Lied? Alle singen mit. Die Wälder auch und die Berge und die Sterne. Nie habe ich etwas so Schönes gehört. Noch nie habe ich eine so helle Nacht gesehen. Gib mir die Hand, Papa. Wir fliegen zusammen. So schön ist die Welt, wenn man fliegen kann. Küss' mir doch nicht die Hand. Ich bin ja dein Kind, Papa.
„Else! Else!"
Sie rufen von so weit! Was wollt ihr denn? Nicht wecken. Ich schlafe ja so gut. Morgen früh. Ich träume und fliege. Ich fliege... fliege... fliege... schlafe und träume... und fliege... nicht wecken... morgen früh...
„El..."
Ich fliege... ich träume... ich schlafe... ich träu... träu – ich flie......

Arthur Schnitzler: Fräulein Else und andere Erzählungen. Fischer Taschenbuch Verlag. Frankfurt am Main 1994, S. 153–155

Das 1872 entstandene Ölbild **Impression, soleil levant** des französischen Malers Claude Monet gab der Stilrichtung des Impressionismus ihren Namen.

Vorüberlegungen zum Einsatz der Materialien im Unterricht

Das vorliegende Unterrichtsmodell orientiert sich am Kerncurriculum der gymnasialen Oberstufe für das Fach des Landes Niedersachsen und deckt hier speziell die verbindlichen Inhalte des zweiten Kurshalbjahres in der Qualifikationsphase ab. Konkret sind dies die Rahmenthemen 3 „Literatur und Sprache um 1900" und 4 „Vielfalt lyrischen Sprechens".[1]

Die durchgehend nach literaturgeschichtlichen Gesichtspunkten aufgebauten curricularen Vorgaben erlauben der Lehrkraft eine systematische Vorgehensweise im Deutschunterricht, bei der die jeweiligen zeit- bzw. epochentypischen Besonderheiten exemplarisch mithilfe ausgewählter literarischer Texte bzw. Textauszüge verdeutlicht werden.

Auf diese Weise soll den Lernenden ein Gefühl für die Probleme, Belange und Bedürfnisse einer längst vergangenen Gesellschaft – in diesem Fall um 1900 – vermittelt und erfahrbar gemacht werden, welche teilweise noch bis in die heutige Zeit nachwirken. Die Beschäftigung mit den für dieses Unterrichtsmodell ausgewählten Texten bzw. Textauszügen soll den Schülerinnen und Schülern demzufolge auch höhere Einsichten in unsere aktuelle gesellschaftliche Ordnung ermöglichen, obwohl die heutige Schülergeneration oberflächlich betrachtet vermeintlich andere Probleme beschäftigen. (Die Texte und Textauszüge werden den Schülerinnen und Schülern in einem eigenen **Arbeitsheft** zur Verfügung gestellt (Best.-Nr. 022622). Diesem Unterrichtsmodell liegen sie auch auf einer **CD-ROM** bei.)

Vor diesem Hintergrund hat die Beschäftigung mit diesen allgemeingültigen Themen auch in den übrigen Bundesländern ihre Berechtigung im Literaturunterricht des Faches Deutsch.

Zur eigenen Vorbereitung ist Helmuth Kiesels umfassendes Werk „Geschichte der literarischen Moderne. Sprache – Ästhetik – Dichtung im zwanzigsten Jahrhundert", welches 2004 vom C. H. Beck Verlag in München herausgegeben wurde, empfehlenswert. Er zeigt umfassend, wann die Moderne entstand, wer sie prägte, was sie ist und wie sie wirkte.
Auch Philipp Bloms Abhandlung „Der taumelnde Kontinent. Europa 1900–1914", welche 2014 im Deutschen Taschenbuch Verlag in München 2014 erschienen ist, hält wertvolle Informationen bereit. Der Verfasser entfaltet anschaulich und zugleich unterhaltsam das facettenreiche Bild einer bewegten Epoche.
Schließlich hält die von Urte Helduser verfasste Studie „Geschlechterprogramme – Konzepte der literarischen Moderne um 1900", die 2005 im Böhlau Verlag in Köln/Weimar/Wien erschienen ist, interessante Theorien zur Geschlechterkonstruktion in der Literatur um 1900 bereit, welche das Bild zu dem Problemkreis „Krise und Erneuerung des Erzählens" in der Moderne abrunden.

In den Zusatzmaterialien (vgl. **Zusatzmaterial 1**, S. 103 ff.) befinden sich verschiedene Vorschläge für eine abschließende Lernerfolgskontrolle. Generell können jedoch auch viele der in diesem Unterrichtsmodell gestellten Arbeitsaufträge zu geeigneten Klausurthemen ausgeweitet werden.

---

[1] Vgl. Niedersächsisches Kultusministerium (Hrsg.): Kerncurriculum für das Gymnasium – gymnasiale Oberstufe, die Gesamtschule – gymnasiale Oberstufe, das Fachgymnasium, das Abendgymnasium, das Kolleg. Hannover 2009, S. 28–39

Konzeption des Unterrichtsmodells

Das vorliegende Unterrichtsmodell ist in fünf Bausteine unterteilt. Dabei finden sowohl textanalytische als auch produktionsorientierte Methoden Anwendung, um hoffentlich allen Schülerinnen und Schülern eine Möglichkeit des Zugangs zu dem Thema „Literatur und Sprache um 1900" zu bieten, welches sowohl am Beispiel epischer als auch lyrischer Texte erarbeitet weden soll. Zudem wurde darauf geachtet, dass die im Fach Deutsch gängigen Aufsatzarten (Erörterung, Textanalyse usw.) weiter geübt werden.

Baustein 1 führt zunächst in die gesellschaftliche Situation um die Jahrhundertwende ein und ist anschließend den unterschiedlichen literarischen Strömungen gewidmet, welche die Krise und Erneuerung des Erzählens um 1900 von verschiedenen Seiten beleuchten, um den Schülerinnen und Schülern einen Eindruck von dem Beginn der literarischen Moderne zu vermitteln und sie zugleich für das weitere Vorgehen zu motivieren.

Baustein 2 widmet sich der Großstadt als literarischem Thema um 1900. Im Fokus steht dabei zum einen die Fragestellung, ob die Stadt eher ein Ort der Entfaltung oder der (Selbst-)Entfremdung ist. Auch hier sollen unterschiedliche Blickwinkel Berücksichtigung finden. Am Beispiel expressionistischer Literatur soll zudem eine radikale Sichtweise thematisiert werden, nämlich das Verständnis von der Stadt als Moloch und Spiegel sozialer Gegensätze.

Baustein 3 setzt sich mit der Vielfalt lyrischen Sprechens auseinander: An die Krise des Ichs um 1900 inhaltlich anknüpfend soll nunmehr der Frage „Was ist der Mensch? – Lebensfragen und Sinnentwürfe" intensiv nachgegangen werden. Neben der Analyse verschiedener Lebenskonzepte und Ursachen für Lebenskrisen und Identitätsprobleme bildet hier der Wandel des Menschenbildes im Verlauf der Epochen einen Schwerpunkt.

Baustein 4 beschäftigt sich mit der Sprache als Thema der Lyrik. Ausgang für die Reflexion über Sprache und Sprachgebrauch bildet der in der Moderne aufkommende Diskurs zum Thema „Sprachskepsis und Sprachkritik". In diesem Zusammenhang sollen exemplarisch Sprachexperimente von Stramm und Ball im Hinblick darauf untersucht werden, ob und inwiefern diese einen Beitrag zur Überwindung der Sprachkrise um 1900 zu leisten vermögen.

Baustein 5 schließlich bildet den Abschluss dieser Unterrichtsreihe und ist fakultativ. Hier sollen mit der Planung und Durchführung eines Poetry-Slams bzw. einer Lyrikverfilmung Möglichkeiten zum produktiven Umgang mit Lyrik aufgezeigt werden.

Die thematischen Bausteine des Unterrichtsmodells

Baustein 1

Krise und Erneuerung des Erzählens

Die Jahrhundertwende um 1900 gilt als Epochenumbruch, denn die Übergangszeit in die sogenannte „Moderne" ist durch die Gleichzeitigkeit verschiedener literarischer Strömungen wie Naturalismus, Impressionismus, Symbolismus, Expressionismus usw. gekennzeichnet, welche wiederum die unterschiedlichsten Reaktionen auf die gesellschaftlich-politische Entwicklung dieser Zeit widerspiegeln.

Allerdings können nicht alle literarischen Strömungen unter dem Begriff „Krise" subsumiert werden, vielmehr zeigen diese im Gegenteil neue Formen des Erzählens (Montagetechniken, erlebte Rede, innere Monologe, Multiperspektivität, Verzicht auf kontinuierliche Handlungen und/oder Helden, fragile Helden usw.) auf, welche eindeutig den Beginn der „Moderne" markieren. Der Begriff „Moderne" selbst meint ganz allgemein die Gesamtheit der wissenschaftlichen, sozialen, politischen, philosophischen und ästhetischen Erscheinungen seit dem Ende des 19. Jahrhunderts und verweist auf die typischen Merkmale der Zeit um 1900, nämlich Vielfalt, Unbestimmtheit und Widersprüchlichkeit – Phänomene, die teilweise bis heute nachwirken.

Diese Veränderungen gilt es zunächst nachzuvollziehen (vgl. Abschnitt 1.1, s. unten), bevor im nächsten Schritt die verschiedenen literarischen Strömungen um 1900 näher betrachtet (vgl. Abschnitt 1.2) und die erzähltechnischen Neuerungen identifiziert werden (vgl. Abschnitte 1.3 bis 1.4).

1.1 Beginn der Moderne: Die Welt um 1900

Der Übergang vom ausgehenden 19. zum beginnenden 20. Jahrhundert markiert eine atemlose Zeit: Die Physik entlockt der Materie das Geheimnis der Atome. Albert Einsteins Relativitätstheorie transformiert Raum und Zeit. Frauen fordern das Wahlrecht. Menschenmassen und Häusermeere formen die Großstadt, die aufkommende Technik fasziniert und verunsichert gleichermaßen. Das alltägliche Leben gewinnt insgesamt an Tempo, auch der industrielle wirtschaftliche Aufschwung verändert die Welt. Das moderne Europa entsteht. Fin-de-Siècle-Stimmung breitet sich aus, da auch die überkommenen Normen und Denkmuster angesichts der rasanten Entwicklung infrage gestellt werden bzw. auf diese kein Verlass mehr zu sein scheint. Der Mensch um die Jahrhundertwende findet sich nicht nur in einer immens beschleunigten, sondern zugleich auch entzauberten Welt wieder. Die Sinnkrise – forciert durch Friedrich Nietzsches verstörenden philosophischen Nihilismus sowie Sigmund Freuds Erforschung der dunklen Seite der menschlichen Psyche – radikalisiert sich in der Dekonstruktion und dem Identitätsverlust des Ichs.

Um die Literatur um die Jahrhundertwende zeitgeschichtlich einordnen und als Antwort auf eine modernisierte Welt verstehen zu können, soll den Schülerinnen und Schülern zu Beginn der Unterrichtsreihe ein Überblick gegeben werden, wie radikal sich die Welt um 1900 verändert.

Zur Einstimmung betrachten die Schülerinnen und Schüler eine Collage, die einen ersten Einblick in die Zeit um die Jahrhundertwende vermitteln soll (vgl. **Schülerarbeitsheft**, S. 5):

> ■ *Lassen Sie die Bilder auf sich wirken und notieren Sie stichwortartig Ihre Eindrücke und Assoziationen.*
> ■ *Notieren Sie die Themen zur Zeit der Jahrhundertwende, die in der Collage sichtbar werden.*

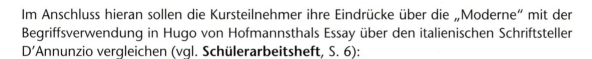

Im Anschluss hieran sollen die Kursteilnehmer ihre Eindrücke über die „Moderne" mit der Begriffsverwendung in Hugo von Hofmannsthals Essay über den italienischen Schriftsteller D'Annunzio vergleichen (vgl. **Schülerarbeitsheft**, S. 6):

> ■ *Erläutern Sie, wie Hugo von Hofmannsthal den Begriff „Moderne" verwendet.*
> ■ *Lesen Sie die Informationen zur Moderne und stellen Sie Bezüge zu den Abbildungen (S. 5) und Hofmannsthals Ausführungen her.*
> ■ *Formulieren Sie Ihre Erwartungen an die Literatur um 1900.*

Die Ergebnisse können zu folgendem Tafelbild zusammengefasst werden:

Beginn der Moderne: Die Welt um 1900

- beschleunigtes Fortschreiten der Industrialisierung
  - technischer Fortschritt, Mobilität
  - vielfältiges Freizeitangebot: Kultur, Sportvereine, Einkaufshäuser, Kaffeehäuser, Kino usw.
  - steigender materieller Wohlstand, Konsum
  - Entstehen von Massenmedien
- negative Begleiterscheinungen der Urbanisierung
  - soziale Spannungen durch große Einkommensschere
  - bescheidene Verhältnisse (Wohnung, Nahrung, Bildung) des Proletariats
  - Anonymität, Prostitution, Alkoholismus, Kriminalität
- Forderung der Frauenbewegung nach Gleichberechtigung (Feminismus)
- Entwicklung neuer Denkmodelle in der Wissenschaft, z. B.
  - Atomphysik (Curie, Planck, Einstein u. a.)
  - philosophischer Nihilismus (Nietzsche)
  - Psychoanalyse (Freud)

  aber
  - Zweifel an der Gültigkeit traditioneller Werte und Normen

  ↓

Radikaler Wandel der Gesellschaft führt zur Desorientierung des Einzelnen.

In einem abschließenden Unterrichtsgespräch sollen die Kursteilnehmer erste Vermutungen über den möglichen Einfluss dieses radikalen Wandels auf die Literatur anstellen. Als Hilfestellung kann ihnen dabei das **Zusatzmaterial 2** (S. 117 f. im Unterrichtsmodell) ausgehändigt werden.

■ *Welchen Einfluss hat der radikale Wandel um 1900 möglicherweise auf die Literatur?*

1.2 Literatur im ausgehenden 19. Jahrhundert

1.2.1 Der Poetische Realismus (1850–1895)

Theodor Fontanes 1896 erschienener Roman „Effi Briest" gilt als Höhepunkt des Poetischen Realismus der deutschen Literatur. Dem Dichter gelingt es hier, eine kritische Distanz zu den gesellschaftlichen Verhältnissen um 1900 mit großer schriftstellerischer Eleganz zu verbinden. Gleichzeitig macht Fontane das Genre des Gesellschaftsromans mit diesem Werk populär.

In einem Brief an Gustav Karpeles vom 18. August 1880 weist Theodor Fontane auf die Relevanz des Romananfangs hin: Das „erste Kapitel ist immer die Hauptsache und in dem ersten Kapitel die erste Seite, beinah die erste Zeile [...]. Bei richtigem Aufbau muss in der ersten Seite der Keim des Ganzen stecken."[1] Diesem eigenen Anspruch wird er in seinem Roman „Effi Briest" auch gerecht, denn bereits in den ersten Abschnitten (vgl. **Schülerarbeitsheft**, S. 7 f., **Erstes Kapitel**) wird das um 1900 nicht bzw. kaum aufzulösende Spannungsverhältnis zwischen Individuum und Gesellschaft entfaltet:

Die 17-jährige Effi, Tochter der traditionsreichen Familie von Briest, welche „schon seit Kurfürst Georg Wilhelm" das „Herrenhaus zu Hohen-Cremmen" (Z. 1 f.) bewohnt, wird als echter Wildfang beschrieben. So trägt sie etwa statt der üblichen „Staatskleider" einer „Dame" (Z. 48) lieber ein jungenhaftes, „halb kittelartiges Leinwandkleid" (Z. 36 f.) mit „Matrosenkragen" (Z. 38 f.) und lenkt sich „von Zeit zu Zeit [...] mit allerlei kunstgerechten Beugungen und Streckungen [...] der Heil- und Zimmergymnastik" (Z. 29 ff.) von der gemeinsamen Handarbeit mit ihrer Mutter ab (vgl. Z. 27 ff.), wodurch sie sich ihrer Pflicht als zukünftige Ehefrau entzieht, die ihr offensichtlich lästig ist.

Effis Mutter toleriert dies stillschweigend (vgl. Z. 27 ff.) und ist mit Recht stolz auf ihre „Kleine" (Z. 41), die bei allem „Grazie, [...] natürliche Klugheit und viel [...] Herzensgüte" (Z. 39 f.) ausstrahlt – Tugenden, die der traditionellen Rolle der Frau in der Gesellschaft um 1900 entsprechen. Was die Mutter wiederum sehr beunruhigt (vgl. Z. 51), ist Effis andere, leidenschaftliche Seite, die schon hier bereits anklingt, wenn sie „auf die Mama zu[läuft]" und diese „stürmisch" (Z. 50) umarmt und küsst. Instinktiv scheint sie zu spüren, dass sich die wohlbehütete „Tochter der Luft" (Z. 56) aufgrund ihrer „Lebenslust" (Z. 40) und ihres Temperaments Zeit ihres Lebens immer nah am Abgrund bewegen wird (vgl. Z. 43 ff.).

Effis widerstreitende Natur, die darum ringt, einerseits den gesellschaftlichen Konventionen entsprechen, andererseits ihre Wünsche und Neigungen ausleben zu wollen, spiegelt sich in dem Ort wider; denn wenngleich das Familienanwesen als Symbol für eine glückliche, unbeschwerte und geschützte Kindheit, die Effi hier verbracht hat, zu deuten ist, wird Hohen-Cremmen keineswegs als ausschließlich paradiesischer Ort beschrieben, sondern vielmehr ambivalent gezeichnet:

Gleich im ersten Satz wird mit dem „Herrenhaus zu Hohen-Cremmen", welches „schon seit Kurfürst Georg Wilhelm von der Familie von Briest" (Z. 1 f.) bewohnt wird, auf die lange

---

[1] Fontane, Theodor: Brief an Gustav Karpeles vom 18. August 1880. In: Nürnberger, Helmuth u. a. (Hrsg.): Theodor Fontane: Werke, Schriften und Briefe. Carl Hanser Verlag. München 1980, S. 101

preußische Tradition der adligen Familie verwiesen. Eine Tradition, die gegenüber der Gesellschaft verpflichtet.

Während die „Dorfstraße" (Z. 2) und das Herrenhaus, welche symbolisch für die Zivilisation und somit letztlich für die gesellschaftliche Ordnung stehen, vom „helle[n] Sonnenschein" (Z. 2) mit Licht durchflutet werden, wirft der Seitenflügel des hohen Gebäudes „Schatten" (Z. 4) auf die „Gartenseite" (Z. 3), die zumindest tendenziell eher für die Natur steht, in jedem Fall aber zum privaten und somit geschützten Raum zählt. Licht und Schatten oder – im übertragenen Sinne – Glück und Bedrohung Effis liegen somit eng beieinander.

Dieses Bild veranschaulicht den Grundkonflikt des Romans gleich zu Beginn: Drohendes Unheil entsteht dadurch, dass sich menschlich-natürliche Bedürfnisse nicht mit den rigiden gesellschaftlichen Bedingungen im Königreich Preußen in Einklang bringen lassen. Aus diesem Spannungsverhältnis resultieren die latent lauernden Gefahren („Schatten", Z. 4), die sich in der Doppeldeutigkeit verschiedener Dingsymbole wie etwa der „Schaukel" (Z. 13), die gleichzeitig Freiheit oder Gefahr des (sozialen) Falles verkörpert, manifestieren.

In diesem Zusammenhang ist auch die durch eine „Eisentür unterbrochene Kirchhofsmauer" (Z. 8 f.) zu nennen: Die Mauer ist zum einen Teil des hufeisenförmigen Schutzwalls, der das Anwesen von der Öffentlichkeit abgrenzt, zum anderen ist der geschützte Raum Effis ausgerechnet in Richtung des Friedhofs geöffnet, was wiederum symbolisch für das Eindringen der Gesellschaft in den geschützten Raum ihrer Kindheit steht und infolgedessen eine ernsthafte Bedrohung bedeutet.

In Anbetracht der Komprimiertheit der allein im ersten Absatz versteckten Dingsymbole werden diese im Folgenden überblicksartig angeführt und durch die Zusammenfassung zu Gruppen zumindest in Ansätzen gedeutet[1]:

Bedeutungsfeld: Natur, Kindheit, Freiheit, Glück
- „Sonnenuhr" (Z. 5)
- „Hufeisen" (Z. 11)
- „Schaukel" (Z. 13)
- „Sonne" (Z. 18)
- „Tochter der Luft" (Z. 44)
- „kittelartiges Leinwandkleid" (Z. 36 f.) mit „Matrosenkragen" (Z. 38 f.)

Bedeutungsfeld: sinnlicher Genuss, Verführung, Sexualität
- „Efeu" (Z. 7)
- „Rhabarberstauden" (Z. 6)
- „wilder Wein" (Z. 21) erinnert an die verbotene Frucht im Paradies
- „Stachelbeeren" (Z. 27)
- „Teich mit [...] angekettetem Boot" (Z. 12)

Bedeutungsfeld: Preußen, Gesellschaft, Konventionen
- „Kurfürst Georg Wilhelm" (Z. 1)
- „Herrenhaus" (Z. 1 f.)
- „Dorfstraße" (Z. 2)
- „Altarteppich" (Z. 24)
- „Staatskleider" (Z. 48)
- „Dame" (Z. 48)

Bedeutungsfeld: Gefahr, Unglück, Tod
- „Schatten" (Z. 4)
- „schon etwas schief stehend[e] Pfosten" (Z. 14) der Schaukel
- „von [...] Eisentür unterbrochene Kirchhofsmauer" (Z. 8 f.)
- „Trapez" (Z. 43)

---

[1] Diese Kategorisierung hat überwiegend systematisierenden Charakter, denn die Übergänge sind, wie die vorigen Ausführungen gezeigt haben, überwiegend fließend.

Anhand des Romananfangs und weiterer Textauszüge aus dem 4. und 33. Kapitel (vgl. **Schülerarbeitsheft**, S. 6 ff.) sollen die Schülerinnen und Schüler die im Roman enthaltene Gesellschaftskritik Fontanes schrittweise nachvollziehen. In einem ersten Schritt soll der Charakter der Titelheldin genauer untersucht werden:

- *Erläutern Sie, wie der Erzähler den Handlungsort (Gebäude, Gegenstände, Pflanzen, Lichtverhältnisse, Geräusche usw.) beschreibt. Fertigen Sie zu diesem Zweck eine Skizze an.*

- *Benennen Sie den von Fontane intendierten „Keim des Ganzen" und deuten Sie vor diesem Hintergrund den symbolischen Charakter einzelner Gegenstände (z. B. Herrenhaus, Sonnenuhr) und Handlungsweisen (z. B. Effis Schaukeln).*

- *Charakterisieren Sie die Titelheldin des Romans.*

Die Ergebnisse der Textanalyse können wie folgt an der Tafel festgehalten werden:

Theodor Fontane: Effi Briest (1896)

- Charakterisierung Effi (vgl. Z. 27 ff.)
    - genießt eine unbeschwerte, glückliche Kindheit und Jugend
    - sucht Ablenkung, um sich ihren Pflichten als zukünftige Ehefrau zu entziehen
    - verfügt über gesellschaftskonforme Tugenden, ist jedoch auch leidenschaftlich und lebenslustig
- Spiegelung der Ambivalenz der Figur in der Beschreibung des Elternhauses durch Dingsymbole (vgl. Z. 1 ff.)
    - Symbole verschiedener Bedeutungsfelder
        1. Natur, Kindheit, Freiheit, Glück: „Sonnenuhr", „Hufeisen", „Schaukel" usw.
        2. sinnlicher Genuss, Verführung, Sexualität: „Efeu", „wilder Wein", „Teich" usw.
        3. Preußen, Gesellschaft, Konventionen: „Herrenhaus", „Kurfürst Georg Wilhelm", „Dorfstraße", „Altarteppich" usw.
        4. Gefahr, Unglück, Tod: „Schatten", „Kirchhofsmauer", „Trapez" usw.
    - Doppeldeutigkeit bzw. Ambivalenz verschiedener Symbole (z. B. Kirchhofsmauer, Schaukel)
    - Licht-und-Schatten-Metaphorik: Dorfstraße, Herrenhaus (Gesellschaft) vs. Garten („Natur" bzw. privater Raum)

↓

Spannungsfeld: Individuum und Gesellschaft

Im nächsten Schritt lernen die Schülerinnen und Schüler mit der Figur Baron Geert von Innstetten den Antagonisten kennen, der hier als Vertreter der preußischen Gesellschaft um 1900 mit ihren rigiden Prinzipien und Konventionen fungiert (vgl. **Schülerarbeitsheft**, S. 9 f., **Viertes Kapitel**). Auf diese Weise wird der Grundkonflikt des Romans noch einmal vertieft und demzufolge verständlicher:

Effi erkennt in dem ihm zugedachten Gatten einen zwar „schöne[n] Mann, ein Mann, mit dem ich Staat machen kann und aus dem was wird in der Welt" (Z. 21 f.), der außerdem „ja doch nicht alt und [...] gesund und frisch und so soldatisch und schneidig" (Z. 25 f.) ist. Allerdings ist ihr bereits vor der durch ihre Familie eingefädelten Heirat bewusst, dass er bei all diesen Vorzügen, welche ihr einen standesgemäßen Platz in der Gesellschaft sichern, nicht nur „ein Mann von Prinzipien" (Z. 33), sondern „auch ein Mann von Grundsätzen [ist]. Und das ist, glaub' ich, noch etwas mehr." (Z. 35 f.)

Obwohl Baron von Innstetten vordergründig „so lieb und gut gegen mich und so nachsichtig" (Z. 37 f.) ist, fürchtet sie sich vor ihm (vgl. Z. 38), da sie deutlich jünger und somit unerfahrener ist als er.

Effis zunächst unbegründet erscheinende Angst vor Innstetten erweist sich im weiteren Handlungsverlauf (vgl. **Schülerarbeitsheft**, S. 10 f., **Dreiunddreißigstes Kapitel**) als sehr berechtigt, wenn der Baron seine Ehefrau, deren Ehebruch er viele Jahre später zufällig entdeckt und die er nach wie vor liebt, aus dem Haus verbannt, ihren ehemaligen Geliebten zur Wiederherstellung seiner Ehre im Duell tötet (vgl. Z. 37), obwohl sie „den armen Kerl [...] nicht einmal liebte" (Z. 37 f.), und die gemeinsame Tochter Annie bei sich behält.

Dem formellen Gesuch der Gefallenen, ihre Tochter nach langer Zeit einmal wiedersehen zu dürfen, gibt der Baron statt. Bei dem ersehnten Wiedersehen muss Effi allerdings erkennen, dass Innstetten das Mädchen instrumentalisiert, um sie für ihre Untreue zu bestrafen (vgl. Z. 38 ff.). Obwohl sie zutiefst verletzt und innerlich gebrochen ist (vgl. Z. 43), gelingt es ihr, ihren Gatten und das mit ihm verbundene Gefühl von Minderwertigkeit zu überwinden und zu neuer Ich-Stärke zu finden: „Ich habe geglaubt, dass er ein edles Herz habe, und habe mich immer klein neben ihm gefühlt; aber jetzt weiß ich, dass *er* es ist, der klein ist. Und weil er klein ist, ist er grausam. Alles, was klein ist, ist grausam." (Z. 31 ff.)

Diese zentrale Männerfigur, deren Charakter absolut gegensätzlich zu dem Wesen Effis ist, fungiert im Roman letztlich als Antagonist, der – stellvertretend für die Gesellschaft um 1900 – die strengen Moralvorstellungen verkörpert, an denen die lebensbejahende Protagonistin nicht nur scheitern muss, sondern die hier außerdem als scheinheilig entlarvt werden: „Mich ekelt, was ich getan; aber was mich noch mehr ekelt, das ist eure Tugend. Weg mit euch." (Z. 41 ff.)

Mithilfe der Aufgabenstellungen im **Schülerarbeitsheft** (S. 11) kann die Erarbeitung dieses Lernabschnitts initiiert werden:

- *Lesen Sie die Auszüge aus dem 4. und 33. Kapitel (S. 9 ff.) und bereiten Sie in Kleingruppen einen anschaulichen Lesevortrag zu einem der Textauszüge vor.*
- *Schreiben Sie stichwortartig auf, welchen Eindruck der Leser von der Figur Baron Geert von Innstetten in den beiden Auszügen gewinnt.*
- *Charakterisieren Sie Innstetten mithilfe Ihrer Notizen oder verfassen Sie alternativ einen Text in der Ich-Form, in der die Figur sich selbst vorstellt und seine Lebensideale zum Ausdruck bringt.*
- *Leiten Sie aus Ihren bisherigen Ergebnissen stichwortartig die Gesellschaftskritik ab, die Fontane mit seinem Roman zum Ausdruck bringen möchte.*

Die Ergebnisse der Textanalyse können wie folgt an der Tafel festgehalten werden:

Theodor Fontane: Effi Briest (1896)

- Charakterisierung Innstettens als Repräsentant der Gesellschaft um 1900
- vertritt strenge Moralvorstellungen
  - hält „in allem das richtige Maß" (S. 9, *4. Kapitel*, Z. 1 f.)
  - ist „ein Mann von Prinzipien" und „Grundsätzen" (S. 10, *4. Kapitel*, Z. 33 ff.)
  - muss Effis Geliebten töten, um seine Ehre wiederherzustellen (vgl. S. 11, *33. Kapitel*, Z. 37)
  - bestraft seine Gattin für deren Untreue (vgl. S. 10 f., *33. Kapitel*, Z. 31 ff.)

↓

Entlarvung der starren gesellschaftlichen Konventionen als Heuchelei
➡ **Relativierung der Schuld Effis am Ehebruch**

Nachdem sich die Schülerinnen und Schüler intensiv mit den Textauszügen beschäftigt haben, sollten in einem abschließenden Unterrichtsgespräch folgende Leitfragen diskutiert werden, um die gesellschaftskritische Diskussion auf eine allgemeinere Ebene zu verlagern (vgl. Fazit des Tafelbildes auf der vorangegangenen Seite):

- *Welche Vermutung haben Sie, wie Fontanes Roman „Effi Briest" endet?*
- *Inwiefern hat sich dieses Schicksal bereits im ersten Kapitel angekündigt?*
- *Wer ist aus Fontanes Sicht schuld an Effi Briests Tod?*

Catani stellt in ihrer Studie treffend fest, dass die Schuld der untreuen Ehefrau in Fontanes Roman „Effi Briest" „relativiert [wird], indem sie als Resultat gesellschaftlicher Moralvorstellungen dargestellt wird, die auf dem Weg zur weiblichen Emanzipation überwunden werden müssen. [...] Die gesellschaftlichen Konventionen, die konsequent die Sanktionierung des Ehebruchs fordern, und das weibliche Scheitern daran"[1] bilden die zentralen Motive des Romans:

Der Dichter beschreibt den sozialen Werdegang des gutbürgerlichen Mädchens zur Ehefrau und zeigt die gesellschaftlichen Ansprüche an die weibliche Identität mit deutlichen Bildern auf, deren Berechtigung er mit dem Tod Effis infrage stellt. Es gelingt der Titelheldin nicht, ihre Untreue als Beginn eines emanzipatorischen Selbstfindungsprozesses zu werten, was ihre Scham relativieren würde, sondern sie glaubt bis zu ihrer Begegnung mit Annie selbst an die Gültigkeit des engen Korsetts aus tradierten Moralvorstellungen. Auch die Ehe als Institution wird von Effi nicht infrage gestellt.

Mit der Problematisierung der Ehe und der an ihrer Rolle scheiternden Ehefrau reiht sich Fontane motivisch in die Literatur um 1900 ein: In dem Schicksal der Effi Briest, die ihrer Bestimmung nach zur Ehefrau werden muss, offenbart sich der zu dieser Zeit nicht aufzulösende Widerspruch zwischen „weibliche[r] Sinnlichkeit, die dem wilden Kind Effi die Langeweile ihrer bürgerlichen Ehe so unerträglich bewusst und sie für den Ehebruch ‚naturgemäß' so anfällig macht", und der „Glorifizierung der Ehefrauenrolle"[2].

Fontanes Darstellung des vermeintlich unabwendbaren Scheiterns der Effi Briest in ihrer Ehe führt zur Relativierung der geltenden Normen und impliziert gleichzeitig seine deutliche Kritik an diesen.

Für die Schülerinnen und Schüler ist es darüber hinaus wichtig, sich mit der Kunstauffassung zur Zeit des Realismus zu beschäftigen, konkret mit der vertiefenden Frage: Was ist Realismus? – In seinem programmatischen Aufsatz „Realismus" (vgl. **Schülerarbeitsheft**, S. 11 f., beantwortet Theodor Fontane die aufgeworfene Frage wie folgt:

Zunächst einmal grenzt er sich vom Naturalismus ab, da dieser seiner eigenen Kunstauffassung grundsätzlich widerspricht. Fontane möchte ausdrücklich „nicht [...] das nackte Wiedergeben alltäglichen Lebens" (Z. 19), welches durch Elend, Schattenseiten und Misere gekennzeichnet ist (vgl. Z. 19 ff.). Hier fehlt ihm die „Läuterung" (Z. 26), welche „das rohe Erz zum Metall" (Z. 26) werden lässt.

Letztere ist bereits eine wesentliche Anforderung, die der Realismus erfüllen muss, der Leser soll durch die Literatur gefördert bzw. belehrt werden. Zu diesem Zweck soll der Dichter das Wirkliche (vgl. Z. 35) bzw. „Wahre" (Z. 46) aus dem Leben filtern. Im Gegensatz zum Naturalismus soll die Wirklichkeit jedoch nicht unverfälscht abgebildet, sondern „künstlerisch" (Z. 30) überhöht werden. Realismus, wie Fontane ihn versteht, ist somit die Darstellung der Wirklichkeit (vgl. Z. 20 ff.) + die „poetische Verklärung" (Z. 12 f.) dieser.

Die künstlerische Verklärung erfordert wiederum eine Distanz des Dichters zum Wirklichen, um das darin verborgene, zeitlose und allgemeinmenschlich „*Wahre*" (Z. 46) zu entdecken

---

[1] Catani, Stephanie: Das fiktive Geschlecht. Weiblichkeit in anthropologischen Entwürfen und literarischen Texten zwischen 1885 und 1925. Verlag Königshausen & Neumann. Würzburg 2005, S. 116

[2] Ebd.

und herauszuarbeiten. Fontanes Mittel der Wahl, um diese Distanz zu erreichen, ist der Humor bzw. die Ironie.

In seinem Roman „Effi Briest" sind Fontanes Vorstellungen von Poetischem Realismus unter anderem in folgender Weise verwirklicht: Die gesellschaftskritischen Vorgänge werden poetisch verklärt und symbolisch darstellt, der erzählte Ausschnitt aus der Wirklichkeit spiegelt mit der Kritik an der Gesellschaft am schicksalhaften Beispiel der Heldin das Allgemeinmenschliche (vgl. **Schülerarbeitsheft**, S. 7 ff.), was beim Leser nicht nur Mitgefühl auslöst, sondern ihn dazu anregt, überkommene Werte und Normen infrage zu stellen.

Zur Vertiefung dieses Lerngegenstandes bearbeiten die Kursteilnehmer die im **Schülerarbeitsheft** (S. 12) formulierten Aufgabenstellungen in Partnerarbeit:

> - *Unterstreichen Sie im Text die zentralen Aussagen zum Realismusbegriff von Theodor Fontane.*
> - *Fassen Sie zusammen, wie Literatur im Poetischen Realismus aus Sicht des Dichters beschaffen sein muss und wie sie nicht sein soll.*
> - *Überprüfen Sie, ob und inwiefern Fontane seine Vorstellungen von Realismus in dem Roman „Effi Briest" umsetzt.*

Die Ergebnisse der Analyse von Fontanes Aufsatz „Realismus" können wie folgt an der Tafel festgehalten werden:

Was ist Realismus?

- Realismus soll **keine** unveränderte Wiedergabe des Alltäglichen in Form von Elend, Schattenseiten und Misere wie im Naturalismus sein (vgl. Z. 19 ff.).
- Realismus soll ...
  – das Wirkliche (vgl. Z. 35) bzw. „Wahre" (Z. 46) aus dem Leben filtern.
  – die Darstellung des Menschenlebens „künstlerisch" (Z. 30) überhöhen.
  – den Leser fördern, belehren bzw. läutern (vgl. Z. 26).
- Realismus = Wirklichkeit + poetische Verklärung (vgl. Z. 20 ff. und Z. 12 f.)

  ↓

  „Widerspiegelung alles wirklichen Lebens, aller wahren Kräfte und Interessen im Elemente der Kunst" (Z. 39 f.)

1.2.2 Der Naturalismus (1880–1900)

Um die Besonderheiten der Epoche des Naturalismus zu identifizieren, sollen sich die Schülerinnen und Schüler mit einem Auszug aus Gerhart Hauptmanns Novelle „Bahnwärter Thiel" (1888) beschäftigen. Der im **Schülerarbeitsheft** abgedruckte Textauszug (S. 14 f.) beginnt direkt nach dem Zugunglück, bei dem Tobias verstirbt und Thiel den Tod seines geliebten Sohnes realisiert,[1] wobei Schizophrenie und Wahnsinn des Bahnwärters im weiteren Verlauf offen zutage treten:

---

[1] **Hinweise zur Vorgeschichte:** Held der Novelle ist der pflichtbewusste Bahnwärter Thiel, dessen Frau Minna unmittelbar nach der Geburt ihres gemeinsamen Sohnes Tobias verstirbt. Ein Jahr nach Minnas Tod, mit der ihn nach wie vor eine tiefe geistige Liebe verbindet, da er in seinem Bahnwärterhäuschen oft mit der Verstorbenen spricht, nimmt Thiel Lene zur Frau, die den Haushalt führen und für seinen Sohn sorgen soll. Als Lene ein eigenes Kind zur Welt bringt, wird deutlich, dass sie für Tobias keine mütterlichen Gefühle hegt, sondern den ungeliebten Stiefsohn zunehmend vernachlässigt und körperlich misshandelt. Sie lässt den Jungen schließlich unbeaufsichtigt an den gefährlichen Gleisen spielen, weshalb Tobias von dem heranfahrenden Schnellzug erfasst wird und tödlich verunglückt.

Nachdem Thiel „aus der Ohnmacht" (Z. 16) wieder erwacht ist, versucht er, das Grauen zunächst zu verdrängen und sich einzureden, dass der Junge noch lebe, weshalb er „während zweier Stunden die Sekunden und Minuten [zählt]" und sich dabei „vorstellt, was indes mit Tobias geschehen" (Z. 20 f.) sein mag.

Diese letzte Hoffnung stirbt jedoch endgültig, als der Arzt den Leichnam untersucht und den Kopf schüttelt. Dies wiederum ist der Auslöser für einen schweren Anfall von Wahnsinn Thiels, der schreiend, „die erhobenen Hände unbewusst zur Faust ballend" und mit „rollenden Augen" (Z. 26 f.) zum Bahndamm läuft und sich mitten auf die Gleise stellt, „als wenn er etwas aufhalten wollte, das aus der Richtung des Personenzuges kam. Dabei machten seine weit offenen Augen den Eindruck der Blindheit" (Z. 32 ff.).

Hier am Unfallort sucht ihn eine Vision heim, die ihn entsetzt zurückweichen lässt (vgl. Z. 35). Es ist seine längst verstorbene erste Frau Minna, die ihn anklagt, nicht genügend auf Tobias aufgepasst und somit seinen Tod verschuldet zu haben. In seinem Wahn wälzt er seine Schuld auf Lene ab und versucht, mit der Verstorbenen zu verhandeln: Er verspricht, Tobias' Tod zu rächen, indem er Lene bestraft, und bittet Minna, ihm im Gegenzug den gemeinsamen Sohn wieder in Obhut zu geben: „Du – hörst du – bleib doch – du – hör doch – bleib – gib ihn wieder – er ist braun und blau geschlagen – ja ja – gut – ich will sie wieder braun und blau schlagen – hörst du? bleib doch – gib ihn mir wieder." (Z. 36 ff.)

Minna wiederum scheint den Bahnwärter nicht erhören zu wollen und will gehen („Es schien, als ob etwas an ihm vorüberwandle, denn er wandte sich und bewegte sich, wie um es zu verfolgen, aus der anderen Richtung.", Z. 39 f.). Thiel ist verzweifelt, denn „seine Stimme wurde weinerlich, wie die eines kleinen Kindes" (Z. 41), und er fleht Minna an, beschwört sie (vgl. Z. 41 f.), ihm Tobias zurückzugeben. Er ist bereit, alles hierfür zu tun, und verspricht ihr sogar, Lene „mit dem Küchenbeil" (Z. 44) zu töten.

Diese Vorstellung wird zur fixen Idee, bringt ihn zur Raserei und lässt nun Thiels jahrelang angestaute Wut auf Lene ausbrechen: „‚Und da ... ja mit dem Beil – Küchenbeil, ja – schwarzes Blut!' Schaum stand vor seinem Munde, seine gläsernen Pupillen bewegten sich unaufhörlich." (Z. 45 ff.)

Thiels Vision endet schließlich ebenso unvermittelt, wie sie begonnen hat: Lene ist fort und lässt den gebrochenen und innerlich leeren („stumpfe Ausdruckslosigkeit", Z. 54) Bahnwärter in seiner Einsamkeit zurück.

Die inneren Vorgänge des Bahnwärters werden dabei in für diese Epoche typischer Weise durch eine genaue Beschreibung der Natur gespiegelt: Thiels Wahnvorstellungen und Rasereien werden vom hereinbrechenden „rote[n] Feuer des Abends" (Z. 30) begleitet, während seine Erkenntnis, Tobias endgültig verloren zu haben, nicht nur den Wärter selbst frösteln lässt (vgl. Z. 60), sondern auch die Natur zum Erstarren bringt, wie die Häufung von Stilmitteln wie etwa Personifikation, Neologismus und (Farb-)Metapher sowie der in Ansätzen erkennbare Sekundenstil (vgl. Z. 56 ff.) zum Ende dieses Auszugs verdeutlichen:

„Die Sonne goss ihre letzte Glut über den Forst, dann erlosch sie. Die Stämme der Kiefern streckten sich wie bleiches, verwestes Gebein zwischen die Wipfel hinein, die wie grauschwarze Moderschichten auf ihnen lasteten. Das Hämmern des Spechtes durchdrang die Stille. Durch den kalten, stahlblauen Himmelsraum ging ein einziges, verspätetes Rosengewölk. Der Windhauch wurde kellerkalt [...]." (Z. 56 ff.)

Zunächst lesen die Schülerinnen und Schüler den Sekundärtext zum Naturalismus und markieren im Text die wesentlichen Merkmale und Motive dieser Strömung (vgl. **Schülerarbeitsheft**, S. 13):

■ *Markieren Sie im Text die wesentlichen Merkmale sowie Themen und Motive des Naturalismus. Benutzen Sie hierfür unterschiedliche Farben.*

Anschließend widmen sie sich dem Auszug aus der Novelle (vgl. **Schülerarbeitsheft**, S. 14 f.) und übertragen das Gelernte auf den Text:

- Weisen Sie die zuvor erarbeiteten Merkmale des Naturalismus (vgl. S. 13) am Auszug aus Gerhart Hauptmanns Novelle „Bahnwärter Thiel" nach.
- Erläutern Sie die besondere Bedeutung, die in diesem Text der Natur zukommt.
- Hauptmanns Darstellung der Natur lässt sich eigentlich nicht mit den Vorstellungen naturalistischer Literatur vereinbaren. Begründen Sie, wodurch der Dichter die naturalistische Grundgleichung „Kunst = Natur – x" verletzt.
- Interpretieren Sie den vorliegenden Ausschnitt im Hinblick auf die inneren Vorgänge des Bahnwärters.

Die Ergebnisse der Textanalyse können wie folgt an der Tafel festgehalten werden:

Gerhart Hauptmann: Bahnwärter Thiel (1888)

- Thiel will den Tod seines Sohnes nicht wahrhaben, hat einen Anfall von Wahnsinn (vgl. Z. 35 ff.):
  - Vision von Minna, die ihn anklagt, schuld an Tobias' Tod zu sein (vgl. Z. 35 ff.)
  - Thiel hält jedoch Lene für verantwortlich, seine Wut steigert sich zur Raserei (vgl. Z. 36 ff.)
- nach dem Anfall: der gebrochene, innerlich leere und einsame Bahnwärter realisiert den endgültigen Verlust seines Sohnes (vgl. Z. 56 ff.)

Sprache im Naturalismus
- Spiegelung der inneren Vorgänge des Bahnwärters durch Naturbeschreibung:
  - Thiels Raserei: „das rote Feuer des Abends" (Z. 30) bricht herein
  - Erkenntnis des endgültigen Verlusts von Tobias: „den Wärter fröstelte" (Z. 60)
  - gleichzeitig erstarrt auch die Natur (vgl. Z. 56 ff.)
- Charakterisierung der Figur: Ellipsen, Auflösung der Syntax verdeutlichen das Entsetzen und die Sprachlosigkeit Thiels (vgl. Z. 36 ff. und Z. 41 ff.)
- Sekundenstil: zeitdeckendes oder sogar zeitdehnendes Erzählen (vgl. Z. 56 ff.)

↓

genaue Abbildung der Wirklichkeit als Ziel naturalistischer Literatur
➡ Kunst = Natur – x (ideal: x = 0)

1.3 Literatur um die Jahrhundertwende: Der Impressionismus (1890–1910)

Die 1924 erschienene Erzählung „Fräulein Else" besteht aus dem inneren Monolog der 19-jährigen Protagonistin Else T., Tochter eines angesehenen Advokaten aus Wien, der aufgrund seiner Spielsucht zum wiederholten Male insolvent ist.
Auf Einladung ihrer wohlhabenden Tante verbringt Else ihre Ferien in deren Hotel in Italien. Dort erreicht sie ein Expressbrief ihrer Mutter. Um ihren Vater vor seiner Verhaftung zu bewahren, soll Else von dem Kunsthändler Dorsday, der ebenfalls in dem Hotel ist, ein Darlehen erbitten. Dieser willigt ein, das Geld zur Verfügung zu stellen, fordert jedoch im Gegenzug, Else nackt betrachten zu dürfen, weshalb sie sich zwischen ihren Pflichten gegenüber der Familie und ihrer Integrität entscheiden muss.
Die Schülerinnen und Schüler beschäftigen sich mit dem Beginn dieser Erzählung (vgl. **Schülerarbeitsheft**, S. 17 f.), in welchem sich Fräulein Else auf dem Weg von den hoteleige-

nen Tennisplätzen zurück zur Hotelrezeption befindet, um den angekündigten Brief aus Wien in Empfang zu nehmen.

Bereits in diesem kurzen Ausschnitt wird deutlich, dass Fräulein Elses bisheriges Leben wohlbehütet und unbeschwert verlaufen sein muss: Ihr sprachliches Ausdrucksvermögen („Nichts köstlicher als das Wandern im Morgengrauen.", Z. 19f.) lässt auf eine gute Bildung – möglicherweise durch einen privaten Hauslehrer – schließen, der Beruf ihres Vaters wiederum bringt nicht nur einen hohen Lebensstandard mit sich, sondern ermöglicht ihr zudem den häufigen Umgang mit den höheren Kreisen der Wiener Gesellschaft.

Bis zu dem Zeitpunkt, als die Spielsucht des Vaters die Familie in den finanziellen Ruin getrieben hat, ist es für sie immer selbstverständlich gewesen, den Familienurlaub an privilegierte Orten wie etwa dem Wörthersee (vgl. Z. 43) oder an der Côte d'Azur zu verbringen (vgl. Z. 23f.). Auch wenn Else insgesamt sprunghaft wirkt und offenbar noch kein wirkliches Lebenskonzept für sich entworfen hat, ist sie sich sicher, eines Tages standesgemäß zu heiraten. Ihre Ansprüche sind dabei hoch: „Nach Amerika würd' ich ganz gern heiraten, aber keinen Amerikaner. Oder ich heirat' einen Amerikaner und wir leben in Europa. Villa an der Riviera. Marmorstufen ins Meer." (Z. 21ff.)

Mit ihren 19 Jahren geht Else offenbar keiner geregelten beruflichen Tätigkeit nach, weshalb sie ihre Freizeit für einen mehrwöchigen Aufenthalt im komfortablen Hotel ihrer Tante in Italien nutzt, um den Tag mit Tennisspielen (vgl. Z. 1ff.), Ausflügen (vgl. Z. 16f.) und abendlichem „Dinner" (Z. 4) zu verbringen.

Gleichwohl beklagt sie ihre Alltagssorgen, die sie entweder wirklich zu plagen scheinen oder aber zum guten Ton ihres Standes gehören: Während ihre Familie „damals [...] noch in besseren Verhältnissen" (Z. 24f.) gewesen ist, sieht sie sich aufgrund der finanziellen Notlage heute dazu gezwungen, mit lediglich „[d]rei Paar!" (Z. 36) Seidenstrümpfen auf Reisen gehen zu müssen, weshalb sie sich als die „arme Verwandte, von der reichen Tante eingeladen" (Z. 36), begreift. Auch Urlaube mit der ganzen Familie liegen nunmehr bereits „[s]ieben oder acht Jahre[n]" (Z. 24) zurück. „O weh. Was für ein Leben" (Z. 35), resümiert sie die gesamte Situation, in der sie sich befindet.

Auch wenn es eigentlich nicht ihre Aufgabe ist, „nach[zu]denken, ich schreibe ja keine Memoiren" (Z. 44), ist sie sich ihrer Blasiertheit zwar ansatzweise durchaus bewusst, nimmt diese letztlich jedoch ebenso wenig ernst wie ihr Vater: „Ich bin ja doch ein Snob. Der Papa findet's auch und lacht mich aus" (Z. 45f.).

Ihr junges Leben ist insgesamt geprägt von Langeweile und der Unfähigkeit, einen anderen Menschen zu lieben: „Ach, an niemanden denke ich. Ich bin nicht verliebt. In niemanden, und war noch nie verliebt. [...] Ich glaube, ich kann mich nicht verlieben" (Z. 38ff.). Stattdessen ist ein Hang zum Narzissmus erkennbar. Dieser zeigt sich zum einen an ihrem Bestreben, sich mit anderen vergleichen bzw. messen zu wollen („Eigentlich spiele ich besser als Cissy Mohr; und Paul ist auch nicht gerade ein Matador.", Z. 12f.), zum anderen wird dies an ihrem Bedürfnis nach Anerkennung deutlich, selbst dann, wenn sie die Person nicht einmal besonders gut leiden kann: „Hochgemut sind Sie, nicht hochmütig, Else. – Ein schönes Wort. Er findet immer schöne Worte" (Z. 32f.). Diese Selbstbespiegelung lässt auf die Leere ihres Lebens insgesamt schließen, welches keinen Raum für echte Gefühle lässt.

Letzteres wiederum ist typisch für die Literatur des Impressionismus, in welcher die Schilderung der Wirklichkeit gegenüber der Darstellung der Impression, des vergänglichen Augenblicks, in den Hintergrund tritt, indem der Held eine geeignete Stimmung regelrecht inszeniert, um der Langeweile des alltäglichen Lebens zu entrinnen und den flüchtigen Moment genießen zu können: „Das war ein guter Abgang. [...] Nun wende ich mich noch einmal um und winke ihnen zu. Winke und lächle" (Z. 9ff.).

Die Wahl einer blasierten Frauenfigur ist im Hinblick auf das literarische Gesamtwerk Arthur Schnitzlers untypisch, denn Fräulein Else verkörpert nicht das ansonsten gängige Frauenbild des Dichters vom „süßen Mädel", welches als Geliebte für den feinen, „jungen Herrn der Stadt, dem die Maitresse zu kostspielig oder auch zu langweilig ist, der durch eine Prostituierte seine Gesundheit gefährdet sieht, dem die Beziehung zu einer verheirateten Frau zu riskant ist, der aber seinerseits die standesgemäße junge Dame noch nicht heiraten kann oder will"[1], geradezu prädestiniert ist.

Vielmehr scheint Fräulein Else in diesem Textauszug dem feinen, aber insbesondere suchenden Männerbild Schnitzlers zu ähneln. Durch das unmoralische Angebot des deutlich älteren Kunsthändlers Dorsday sieht sie sich allerdings der ersten Belastungsprobe ihres jungen Lebens gegenüber und zerbricht sogleich daran, wodurch die Figur Else somit eher an das traditionelle Frauenbild der Femme fragile erinnert.

Der innere Monolog des jungen und suchenden „Fräulein Else" verdeutlicht den psychologischen Druck in einer von Männern dominierten Gesellschaft um 1900, dem sich Frauen in einer ausweglos erscheinenden Situation unterwerfen, um den gesellschaftlichen Konventionen zu entsprechen. Die Selbstaufgabe und -zerstörung der Frau wird dabei billigend in Kauf genommen. Zwar erfährt der Leser nicht abschließend, ob Elses Versuch, sich das Leben zu nehmen, tatsächlich gelingt, die psychische Störung ihrer Seele ist jedoch offensichtlich.

Bevor sich die Schülerinnen und Schüler dem Text nähern, ist es sinnvoll, zunächst einen Überblick über impressionistische Kunst (z. B. die Darstellung flüchtiger Momente) zu geben. Hierzu betrachten sie das Bild „Impression, soleil levant" des französischen Malers Claude Monet (vgl. **Schülerarbeitsheft**, S. 16), welches der Stilrichtung ihren Namen gab:

- *Beschreiben Sie, was auf Monets Bild zu sehen ist.*
- *Begeben Sie sich gedanklich in die dargestellte Situation hinein. Notieren Sie in der Ich-Form, was Sie sehen, hören und fühlen.*
- *Erläutern Sie mithilfe der Informationen aus dem Kasten das Besondere am Impressionismus.*

Nach dieser Hinführung widmen sich die Schülerinnen und Schüler dem Beginn der Erzählung „Fräulein Else" (vgl. **Schülerarbeitsheft**, S. 17 f.), indem sie die im Schülerarbeitsheft auf S. 18 formulierten Aufgabenstellungen 1–4 bearbeiten.

- *Lesen Sie den Beginn der Erzählung „Fräulein Else" und bereiten Sie einen anschaulichen Vortrag vor. Was fällt Ihnen an der Darstellungsweise auf?*
- *Notieren Sie stichwortartig das Besondere dieser Frauenfigur (charakterliche Merkmale, Alltag usw.).*
- *Listen Sie die wesentlichen Merkmale des „süßen Mädels" auf.*
- *Überprüfen Sie, inwieweit Fräulein Else dem typischen Frauenbild Arthur Schnitzlers entspricht.*

Die Ergebnisse der Textanalyse können in sprachlich reduzierter Form an der Tafel festgehalten werden:

---

[1] Janz, Rolf-Peter/Laermann, Klaus: Arthur Schnitzler: Zur Diagnose des Wiener Bürgertums im Fin de Siècle. J. B. Metzler Verlag. Stuttgart 1977, S. 44

> **Arthur Schnitzler: Fräulein Else (1924)**
>
> - Else führt bislang ein wohlbehütetes und unbeschwertes Leben
>   - geht keiner geregelten beruflichen Tätigkeit nach
>   - macht mehrwöchigen Urlaub im Hotel ihrer Tante in Italien (vgl. Z. 36 f.)
>   - Tennis, Ausflüge und abendliches „Dinner" zur Zerstreuung (vgl. Z. 1 ff.)
> - stellt hohe Ansprüche in Bezug auf ihren Lebensstandard
>   - standesgemäße Heirat (vgl. Z. 21 f.)
>   - „Villa an der Riviera" mit „Marmorstufen ins Meer" (Z. 22 f.)
> - beklagt dennoch ihr vermeintlich schweres Leben mit den Alltagssorgen
>   - hat als „arme Verwandte" nur „[d]rei Paar!" (Z. 35) Seidenstrümpfe
>   - „damals waren wir noch in besseren Verhältnissen" (Z. 24 f.)
> - insgesamt blasierte, gelangweilte Frauenfigur („Ich bin ja doch ein Snob.", Z. 46)
>
> *Sprache im Impressionismus*
> - fast vollständiger Verzicht auf eine äußere Handlung
> - durchgängig innerer Monolog zur Darstellung der Befindlichkeit der Heldin („psychologische Studie")
> - Ausdrucksweise belegt ihre Herkunft aus den höheren Kreisen der Wiener Gesellschaft
>
> ↓
>
> **Ziel impressionistischer Literatur:**
> **Inszenierung von Stimmungen, um durch den Genuss**
> **des flüchtigen Moments die Langeweile zu überwinden**

In einem anschließenden Unterrichtsgespräch können die Schülerinnen und Schüler aufgefordert werden, Vermutungen über den Ausgang der Erzählung anzustellen. Hierdurch werden der labile Charakter und die depressiv-resignative Grundhaltung der Protagonistin deutlich, was das Krisenbewusstsein um 1900 widerspiegelt:

■ *Wie endet Schnitzlers Erzählung möglicherweise?*

Der Schluss der Erzählung befindet sich gleich auf der ersten Seite dieses Unterrichtsmodells (vgl. S. 9); dieser kann vergrößert und mithilfe einer Folie zum Vergleich visualisiert werden. Er sollte den Schülern bekannt sein, bevor sie abschließend Aufgabe 5 (vgl. **Schülerarbeitsheft**, S. 19) bearbeiten. Hier sollten auf jeden Fall die Thesen 1, 2 und 5 genannt werden.

■ *Diskutieren Sie mit Ihrem Sitznachbarn, welche der folgenden Thesen zutreffend sind, und begründen Sie Ihre Auswahl. Erkundigen Sie sich zuvor nach dem Ende der Erzählung.*

1.4 Literatur zu Beginn des 20. Jahrhunderts: Der Expressionismus (1910–1920)

Alfred Döblin erzählt in seinem berühmtestem Roman „Berlin Alexanderplatz" (1929) die Geschichte von Franz Biberkopf, der nach mehreren Jahren Haft aus dem Gefängnis entlassen wird und den festen Vorsatz hat, ein anständiges Leben zu führen.

Während seiner Abwesenheit hat sich Berlin allerdings zu einer Großstadt entwickelt, in der er sich nicht mehr zurechtfindet und deren Versuchungen und Anfeindungen er sich schutz- und hilflos ausgeliefert fühlt: „Häusergewirr und Menschentrubel, Zeitungs- und Reklamegeschrei, unterirdisch brodelndes Verbrechertum, Schlachthausdunst und Jazzrhythmen, Hurenwinkel und Kaschemmenphilosophie, Zuhälterpack, Flittermoral und strahlender Lichterglanz"[1] – die Großstadt wird zum Antagonisten des verunsicherten Helden.

Im Unterricht soll exemplarisch der Romananfang analysiert und interpretiert werden (vgl. **Schülerarbeitsheft**, S. 19 ff.).

Schon in dem Einleitungstext zum ersten Buch sowie den ersten Sätzen des Romans wird die Diskrepanz zwischen dem vom Leser erwarteten Verhalten eines entlassenen Häftlings und dem des Helden deutlich: Die „schwarzen eisernen Torflügel" (Z. 11), die seinen Weg in die Freiheit bedeuten, hat er bereits „seit einem Jahre mit wachsendem Widerwillen" (Z. 11) betrachtet. Und jetzt „setzte [man] ihn wieder [im wirklichen Leben] aus" (Z. 12 f.), das nunmehr ein gänzlich anderes und in dem seine Zukunft ungewiss ist.

Dies verunsichert und überfordert Biberkopf, weshalb er seine Freilassung als „Strafe" (Z. 15) empfindet und die anderen Insassen beneidet, die „noch zwei Jahre, fünf Jahre" (Z. 14) im Gefängnis bleiben dürfen und „tischlerten, lackierten, sortierten, klebten" (Z. 13). Er traut sich daher nicht, in die Straßenbahn zu steigen (vgl. Z. 7 ff.), und weigert sich zudem, die roten Gefängnismauern hinter sich zu lassen, gegen die er sich Schutz suchend drängt (vgl. Z. 8), denn das großstädtische Leben in Freiheit erscheint ihm wie ein Zahnarztbesuch, der für den Patienten ohnehin nur mit Schmerzen verbunden ist (vgl. Z. 18 ff.).

Biberkopfs pessimistische Sichtweise auf das Leben in einer Großstadt resultiert aus seiner Orientierungslosigkeit, welche die Entlassung in ihm auslöst: Während im Gefängnis eine vorgegebene Ordnung herrscht, die sich in täglichen, festen Regeln und Ritualen manifestiert („Auf entsprechendes Glockenzeichen ist sofort mit der Arbeit zu beginnen. Sie darf nur unterbrochen werden in der zum Essen, Spaziergang, Unterricht bestimmten Zeit. Beim Spaziergang haben die Gefangenen die Arme ausgestreckt zu halten und sie vor- und rückwärts zu bewegen.", Z. 69 ff.), welche ihm wiederum Halt geben und seinen Tagesablauf prägen, muss er zurück in der Freiheit sein Leben selbst bestimmen und Verantwortung für sein Handeln übernehmen.

Nach vier langen Jahren der Fremdbestimmung ist dies für ihn nicht nur ungewohnt, sondern geradezu eine Last, weshalb er sich immer wieder daran erinnern und selbst regelrecht ermahnen muss: „In ihm schrie es entsetzt: Achtung, Achtung, es geht los" (Z. 25 f.). Auch die Stadt selbst ist ihm fremd geworden, weshalb er seine Begegnungen in der Straßenbahn und auf dem Bürgersteig als drohendes Unheil erlebt, dem der kleine Mann aus dem untersten Stand nicht entrinnen kann („Wo soll ick armer Deibel hin", Z. 66).

Berlin ist der Moloch, der ihn im Auge behält und seine Angst bewusst schürt: Die hohen Häuserfronten scheinen Biberkopf zu verfolgen, die Dächer der Gebäude drohen, abzurutschen und ihn zu erschlagen (vgl. Z. 64 f.). Er, der nach seiner Haft ein anständiges Leben führen möchte, kommt hier sinnbildlich unter die Räder, denn einen Ausweg aus den Verirrungen in der Großstadt zeigt Döblin auch im weiteren Verlauf des Romans nicht auf.

Dass sich der Held durch seine Freilassung in ein ungeordnetes, unsicheres Leben ausgesetzt glaubt, wird durch verschiedene sprachliche sowie erzähltechnische Mittel verdeutlicht, die eng mit dem Schicksal Biberkopfs verwoben sind und seine inneren Vorgänge spiegeln:

Statt einer linearen Handlung findet der Leser viele nahtlos aneinander montierte Textteile und Erzählweisen vor, welche die Dynamik einer hektischen Großstadt vermitteln und zugleich die Hilflosigkeit des Franz Biberkopf verständlicher erscheinen lassen. So mischen sich die vielfältigen Geräusche am Berliner Alexanderplatz – Gespräche von Passanten, Baulärm (vgl. Z. 38 ff.), Rufe der Zeitungsverkäufer (vgl. Z. 27 f.) und Fahrkartenkontrolleure (vgl. Z. 29) usw. – zu einem für den Helden nicht überschaubaren und verstörenden „Gewimmel, welch Gewimmel. Wie sich das bewegte. […] Was war das alles." (Z. 33 f.)

---

[1] Einsiedel, Wolfgang von (Hrsg.): Kindlers Literatur Lexikon in 25 Bänden. Band 4. München 1993, S. 1461

Nicht nur die Darstellung des Äußeren wie Verkehr, Werbung usw. werden ohne Übergang – analog zur filmischen Erzählweise – aneinander montiert, auch die inneren Vorgänge des Helden, die als Bewusstseinsstrom (stream of consciousness) dargeboten werden, wechseln sprunghaft und spiegeln auf diese Weise die Verwirrung, Hilflosigkeit und Überforderung des einfachen Mannes aus dem Proletariat. Letzteres wiederum wird durch den Gebrauch des Berliner Jargons (vgl. Z. 66) verdeutlicht.

Auch der Erzähler selbst scheint von dem Erzählten gebannt zu sein, was darin zum Ausdruck kommt, dass Erzählerbericht und Figurenrede (überwiegend in Form von innerem Monolog oder erlebter Rede) nahtlos ineinander übergehen, sodass für den Leser keineswegs immer eindeutig ist, wer der Sprecher der jeweiligen Äußerung ist, wie etwa die zwei montierten Fragen in Klammern sichtbar machen: „(schrecklich, Franze, warum schrecklich?)" (Z. 10) und „(Widerwillen, warum Widerwillen)" (Z. 12). Unabhängig davon, wer die Fragen stellt, ist hingegen sicher, dass diese die Angst des Helden vor der Freiheit, die ihm als Strafe erscheint, spiegeln (vgl. Z. 9 f.), und hierdurch sein für den Leser zunächst nur schwer nachvollziehbares Verhalten akzentuieren.

Eine ähnliche Funktion kommen auch den Wiederholungen wie etwa „ging nicht" (Z. 8) und „die Strafe" (Z. 15 und Z. 51) und den kurzen, parataktischen Reihungen zu, welche das Entsetzen und die damit einhergehende Sprachlosigkeit des Entlassenen für den Leser erfahrbar machen sollen: „Er stand an der Haltestelle. Die Strafe beginnt. Er schüttelte sich, schluckte. Er trat sich auf den Fuß." (Z. 14 ff.)

Durch die Auflösung der Syntax wird dieser Eindruck zusätzlich gesteigert, wenn die Bedrohung für Biberkopf akut wird: „Draußen bewegte sich alles, aber – dahinter – war nichts! Es – lebte – nicht! [...] So stand das da wie die Laternen – und – wurde immer starrer. [...] Schreck fuhr in ihn" (Z. 41 ff.).

Die Reizüberflutung in der chaotisch anmutenden Großstadt löst bei Biberkopf zum einen eine aggressive Abwehrreaktion aus („die werden dir doch nicht bange machen, kannst sie ja kaputt schlagen", Z. 37 f.), zum anderen führt diese zu einer verzerrten Wahrnehmung der Wirklichkeit: Zwar lachen die Menschen, unterhalten sich, bewegen sich, dennoch kommen sie dem Helden wie starre, leblos Dinge vor, was sich durch den zunehmenden Gebrauch des Personalpronomens „es" und „das" im Zusammenhang mit Personenbeschreibungen ausdrückt: „Es hatte fröhliche Gesichter, es lachte, wartete auf der Schutzinsel gegenüber Aschinger zu zweit oder zu dritt, rauchte Zigaretten, blätterte in Zeitungen." (Z. 42 ff.)

Sein Wirklichkeitsverlust steigert sich schließlich bis zur vollständigen Entfremdung und Verdinglichung seiner Umwelt: „Sie [die Menschen] gehörten zusammen mit den Häusern, alles weiß, alles Holz." (Z. 44 f.) Dieser geht einher mit dem Ich-Verlust des Helden, der nicht mehr Herr seiner Wahrnehmungen und Empfindungen ist und selbst alltägliche Tätigkeiten wie Essen und Trinken verfremdet wahrnimmt: „[S]ie hatten Gabeln und stachen sich damit Fleischstücke in den Mund, dann zogen sie die Gabeln wieder heraus und bluteten nicht." (Z. 48 f.)

Der Ausschnitt endet, ohne dass ein Ausweg für den Helden erkennbar wäre, und hinterlässt einen Franz Biberkopf, der zwar in die Freiheit entlassen worden ist, nun jedoch nicht nur ganz allein, sondern vor allem ohne Orientierung in der äußeren Welt und ohne inneren Halt dasteht.

Bevor mit dem Text gearbeitet wird (vgl. **Schülerarbeitsheft**, S. 19 ff.), soll den Schülerinnen und Schülern zunächst einmal die Gelegenheit gegeben werden, sich in die Situation des Helden hineinzuversetzen:

■ *Stellen Sie sich vor, dass Sie nach mehreren Jahren Haft soeben aus dem Gefängnis entlassen worden sind. Sie stehen mit dem Rücken zur Gefängnismauer, blicken auf die Stadt Berlin und sind in Freiheit. Was geht Ihnen durch den Kopf?*

Es ist anzunehmen, dass sich die Kursteilnehmer fast ausnahmslos über ihre wiedergewonnene Freiheit freuen werden. Umso mehr wird es sie erstaunen, wenn sie während der Lektüre gewahr werden, dass der Protagonist seine Freilassung als Strafe empfindet. Die Gründe hierfür gilt es nachzuvollziehen, indem die im **Schülerarbeitsheft** (S. 21 f.) formulierten Aufgabenstellungen bearbeitet werden:

> - *Geben Sie Ihre ersten Eindrücke nach dem Lesen wieder.*
> - *Notieren Sie stichwortartig in Form eines Ideensterns, wie Franz Biberkopf das Leben in der Großstadt wahrnimmt.*
> - *Ordnen Sie den Roman begründet der Epoche des Expressionismus zu.*
> - *Weisen Sie die Montagetechnik im vorliegenden Textauszug nach: Markieren Sie die montierten Textteile mit unterschiedlichen Farben und benennen Sie die jeweilige Herkunft.*
> - *Stellen Sie einen kausalen Zusammenhang zwischen Erzählweise und Inhalt her und erläutern Sie, was Döblin dem Leser mithilfe der Montagetechnik verdeutlichen will.*
> - *Interpretieren Sie den Romananfang, indem Sie Ihre bisherigen Ergebnisse in einem Fließtext zusammenführen.*

Die Ergebnisse der Textanalyse können in sprachlich reduzierter Form an der Tafel oder auf Folie festgehalten werden:

Alfred Döblin: Berlin Alexanderplatz (1929)

- Biberkopf empfindet die Freilassung als „Strafe" (Z. 15 und Z. 51)
  - hat keine feste, geregelte Arbeit (vgl. Z. 13 f.)
  - empfindet die Dynamik der Großstadt als unübersichtliches, verwirrendes „Gewimmel" (Z. 33)
  - ist ohne Orientierung und ohne Halt, vermisst die Regeln und Rituale im Gefängnis (vgl. Z. 59 ff.)
- erlebt die Stadt als drohendes Unheil, dem er nicht entrinnen kann: „Wo soll ick armer Deibel hin" (Z. 66)
- Reizüberflutung in dem chaotischen großstädtischen Leben und Treiben
  - löst aggressive Abwehrreaktionen aus (vgl. Z. 37 f.)
  - führt zum Wirklichkeits- und Ich-Verlust: Entfremdung und Verdinglichung der Umwelt (vgl. Z. 42 ff. und Z. 48 ff.)

Sprache und Erzählweise im Expressionismus
- Verzicht auf eine lineare Handlung zugunsten der Darstellung innerer Vorgänge
- Übernahme filmischer Erzählweisen: nahtlose Montage von Sprachvarietäten, Textteilen, Erzählweisen usw. (vgl. Z. 27 ff. und Z. 36 ff.)
- Spiegelung der inneren Vorgänge des Entlassenen durch Bewusstseinsstrom (stream of consciousness)
  - kurze, parataktische Reihungen sowie Auflösung der Syntax (vgl. Z. 41 ff.)
  - nahtloser Übergang zwischen Erzählerbericht und Figurenrede (vgl. Z. 66)

↓

**Ziel expressionistischer Literatur:
Auflehnung gegen die Enthumanisierung in einer modernen Welt
und Warnung vor einer Gesellschaft ohne Rücksicht und Moral**

Um die Funktion der Literatur aus Sicht der Vertreter des Expressionismus zu thematisieren (vgl. Fazit des Tafelbildes), sollten in einem abschließenden Unterrichtsgespräch folgende Leitfragen diskutiert werden:

- *Können Sie die Befindlichkeit des Helden nachvollziehen? Warum (nicht)?*
- *Wovor will Alfred Döblin den Leser mit seinem Roman warnen?*

1.5 Literatur zur Zeit der Weimarer Republik: Die Neue Sachlichkeit (1920–1932)

Exemplarisch für die in der Zwischenkriegszeit aufkommende Stilrichtung der Neuen Sachlichkeit sollen sich die Schülerinnen und Schüler mit zwei Textauszügen aus Irmgard Keuns Roman „Das kunstseidene Mädchen" (1932) (vgl. **Schülerarbeitsheft**, S. 22 ff.) beschäftigen. Bei dem **ersten Auszug** handelt es sich um den Romananfang, in welchem die Heldin Doris charakterisiert wird:

Die 18-jährige Protagonistin ist als Sekretärin in einer Anwaltskanzlei beschäftigt (vgl. im ersten Auszug Z. 37f.) und verfügt folglich über ein eigenes Einkommen – ein Umstand, aus dem sie offenbar ein erstaunliches Selbstbewusstsein zu schöpfen scheint, denn Doris ist sehr von sich eingenommen. Sie ist überzeugt, „dass etwas Besonderes in mir ist" (Z. 21), was sie zu einem „ungewöhnliche[n] Mensch[en]" (Z. 27f.) macht. Da überhaupt eigentlich „alles [...] erstklassig an mir" (Z. 33) ist, fühlt sie sich auch ihren Kolleginnen im Büro überlegen, „in denen nie Großartiges vorgeht" (Z. 23f.). Auch ihren Arbeitgeber hält sie nicht nur für unattraktiv, sondern insbesondere auch kleinlich (vgl. Z. 40ff.). „Und überhaupt halte ich von Rechtsanwälten nichts – immer happig aufs Geld und reden wie'n Entenpopo und nichts dahinter." (Z. 40f.)

Im Gegensatz zu ihren Eltern, für die sie sich schämt, da „mein Vater und meine Mutter ein Dialekt sprechen" (Z. 25) und ihr Vater obendrein auch noch arbeitslos ist (vgl. Z. 42), beherrscht sie die Standardsprache – immerhin spricht sie „fast ohne Dialekt, was viel ausmacht und mir eine Note gibt" (Z. 24f.). Insgesamt ist Doris auf einen positiven äußerlichen Gesamteindruck bedacht, weshalb sie auch bereit ist, für ihre Schönheit zu leiden, selbst wenn sie allein ist: „Es ist sehr kalt, aber im Nachthemd ist schöner – sonst würde ich den Mantel anziehn" (Z. 34f.).

Ihren Mantel, den sie, wie im weiteren Verlauf deutlich wird, aus einer Theatergarderobe entwendet hat, begreift Doris als Symbol ihres eigenen Rollenverständnisses, weshalb sie ihn mit Stolz bei jeder sich bietenden Gelegenheit trägt; denn die jugendliche Protagonistin ist bestrebt, mit aller Macht gesellschaftlich aufzusteigen (vgl. Z. 27ff.), was unter anderem auch daran deutlich wird, dass sie von einer Karriere im Filmgeschäft träumt („Aber ich will schreiben wie Film", Z. 29) und sich an bekannten Filmschauspielerinnen orientiert, zumal sie davon überzeugt ist, „wie Colleen Moore" (Z. 30) auszusehen.

Um dieses Ziel zu erreichen, geht sie mit gewisser Raffinesse vor, indem sie etwa ihren weiblichen Charme einsetzt und darauf achtet, die Initiative Männern gegenüber zu behalten: „[B]ei jedem Komma, was fehlt, schmeiß ich ihm einen sinnlichen Blick. Und den Krach seh ich kommen, denn ich hab keine Lust zu mehr. [...] Und er wird wild mit der Zeit wegen meinen sinnlichen Blicken bei fehlenden Kommas". (Z. 44ff.)

Auch ihre Gewohnheit, häufig auszugehen, um sich in der Öffentlichkeit mit entsprechender Männerbegleitung zu zeigen, ist in diesem Zusammenhang zu nennen, weshalb sie „das [gesamte] Programm im Kaiserhof schon" (Z. 6) kennt. Ihre Verabredungen wirken dabei auf den Leser weniger wie wirkliche Rendezvous, sondern eher wie Verhaltensstudien, die ihren Zweck offenbar auch erfüllen, denn Doris glaubt, die Männer gut einschätzen zu können: „[W]enn einer so schon anfängt, wie will er da aufhören?" (Z. 10)

Dieser Eindruck wird zusätzlich dadurch verstärkt, dass „Hubert [...] schließlich und endlich der Einzige ist, den ich [bislang] wirklich geliebt habe" (Z. 15 ff.). Obwohl die Beziehung ganz offensichtlich bereits seit geraumer Zeit beendet ist, kann sie die Gefühle für ihren früheren Liebhaber nicht vergessen: „Da fühlt ich wie eine Vision Hubert um mich." (Z. 17) Bei allem Selbstbewusstsein ist Hubert auf dem Weg zu ihrem sozialen Aufstieg ebenso ihre große Schwachstelle („,Etwas Liebe muss dabei sein, wo blieben sonst die Ideale?'", Z. 51 f.) wie ihr Mangel an schulischer Bildung – auch wenn sie dies nicht wahrhaben will und lieber verschweigt: „Dabei hat richtige Bildung mit Kommas gar nichts zu tun" (Z. 49).

In einem ersten Schritt charakterisieren die Schülerinnen und Schüler die Titelheldin anhand des Romananfangs (**erster Textauszug**) in Einzelarbeit (vgl. **Schülerarbeitsheft**, S. 22 f.):

> ■ *Lesen Sie den Auszug und halten Sie die zentralen Eigenschaften der Protagonistin stichwortartig fest. Unterscheiden Sie dabei zwischen Doris' Selbstbild und dem Bild, welches beim Leser entsteht. Übertragen Sie die folgende Tabelle in Ihr Heft.*

Die Ergebnisse der Textanalyse können in folgendes Tafelbild münden:

Irmgard Keun: Das kunstseidene Mädchen (1932)

Doris' Selbstbild
- hält sich für etwas Besonderes (vgl. Z. 21, Z. 27 f. und Z. 33)
  - spricht Standardsprache (vgl. Z. 24 f.)
  - positives äußeres Erscheinungsbild (vgl. Z. 30 ff.)
- fühlt sich ihren Kolleginnen und ihrem Arbeitgeber überlegen (vgl. Z. 22 f., Z. 40 ff.)
- schämt sich für ihre Eltern (vgl. Z. 25 f. und Z. 42)
- glaubt an eine Karriere im Filmgeschäft (vgl. Z. 29 f.)

Fremdbild des Lesers
- eitel, selbstverliebt, kann außer Hubert keinen anderen Mann wirklich lieben (vgl. Z. 21 ff. und Z. 15 ff.)
- hat keine hinreichende schulische Bildung (vgl. Z. 37)
- setzt ihren weiblichen Charme bei Männern gezielt ein, um sozial aufzusteigen (vgl. Z. 44 ff.)

↓

**subtile Strategie eines einfachen Mädchens, um sich selbst zu behaupten
➡ typische Femme fatale in der Literatur um 1900**

In dem **zweiten Textauszug**, mit dem sich die Schülerinnen und Schüler im Anschluss beschäftigen sollen (vgl. **Schülerarbeitsheft**, S. 24 f.), wird konkretisiert, wie Doris ihren sozialen Aufstieg plant, indem sie nämlich in Begleitung eines gut situierten „Mann[es] aus der Großindustrie" (Z. 6 im zweiten Auszug) in ein Kabarett geht.
Sie weiß, dass ihr Alltag nicht den Wunschträumen entspricht, weshalb sie beschließt, „ein Glanz [zu] werden, der oben ist. [...] Und die Leute achten mich hoch, weil ich ein Glanz bin" (Z. 9 ff.). Es geht ihr dabei jedoch nicht in erster Linie um Bewunderung und Anerkennung als begnadete Künstlerin (vgl. Z. 10 ff.). Die praktisch veranlagte Protagonistin erkennt

vor allem die Vorzüge des materiellen Wohlstands, „denn wer Geld hat, hat Beziehungen und braucht nicht zu zahlen. Man kann furchtbar billig leben, wenn man reich ist." (Z. 7f.) Mit aller Macht will sie daher ein solcher Glanz werden, wie die beliebten weiblichen Filmstars im Unterhaltungsfilm seit Mitte der 1920er-Jahre, deren Auftreten, Frisur und Kleidung sie sich zum Vorbild nimmt und denen sie nachzueifern versucht (vgl. Z. 33ff.), weshalb ihr solventer Begleiter sie in den Nachtklub einlädt, „weil er mich [irrtümlich] als fertige Künstlerin ansah" (Z. 9).

Als Mittel für diesen Ausbruchsversuch dient ihr jugendliches Aussehen und der hieraus resultierende Einfluss auf Männer. Mit sinnbildlich vollem Körpereinsatz setzt die Heldin ihr Vorhaben um, indem sie ein genaues Auge darauf wirft, wie großzügig oder kleinlich der jeweilige Mann ist, der sie einlädt („Es war ein erstklassiges Kabarett" Z. 5), und lässt sich auch dann nicht beirren, wenn sie durch taktisch unkluge Äußerungen einen Bewunderer wieder vergrault: „Ich hatte es genau gerade falsch gemacht. Aber es war mir zu dumm, nu wieder alles zurückzunehmen, und ein Mann muss doch vorher wissen, ob ihm eine Frau gefällt oder nicht." (Z. 27ff.)

Die selbstbewusste Doris scheint trotz solcher Rückschläge nicht am Erfolg ihres Planes zu zweifeln, weshalb sich das einfache Mädchen aus der Provinz auch nur kurz fragt, „[o]b man wohl ein Glanz werden kann, wenn man es nicht von Geburt ist?" (Z. 45f.) Die hier ansatzweise aufkommenden Selbstzweifel sind jedoch ebenso schnell wieder vorbei, wie sie gekommen sind: „Aber ich bin doch jetzt schon Schauspielschule." (Z. 46) Auf die Idee, dass das Aussehen und der bloße Wille, Karriere im Filmgeschäft machen zu wollen, möglicherweise nicht genügen, sondern vielmehr auch Talent, Fleiß und vielleicht auch Glück eine Rolle spielen, kommt Doris in ihrer Naivität jedoch nicht.

Allerdings deutet bereits der Titel des Romans „Das kunstseidene Mädchen" voraus, dass Doris mit ihrem ambitionierten Vorhaben scheitern wird; denn – um bei dem sprachlichen Bild zu bleiben – künstliche Seide ist nun einmal synthetisch, weshalb bei aller Ähnlichkeit immer ein signifikanter Qualitätsunterschied zu echter, wertvollerer Naturseide bleiben wird. Irmgard Keuns Roman kann insgesamt als typischer Repräsentant der Neuen Sachlichkeit gewertet werden – nicht nur in Bezug auf den Inhalt bzw. das Thema und die Figurenkonstellation[1], sondern vor allem auch auf die Sprache:

Wie auch die anderen Autoren dieser Stilrichtung orientiert sich die Dichterin an der Realität der Weimarer Republik und ist um eine betont objektive und nüchterne Darstellung bemüht. In diesem Zusammenhang fallen die reihenden, aufzählenden Kurzsätze in Verbindung mit den häufigen „Und"-Anfängen auf, mit denen die Beobachtungen der Heldin unverbunden nebeneinandergestellt werden. Und obwohl Doris' Aufzeichnungen den Charakter eines Tagebuches haben und somit per se intimer Natur sind, gelingt es Irmgard Keun, die Handlung kühl und distanziert zu schildern und jede emotionale Aufladung zu vermeiden, sodass der Roman insgesamt eher einer Dokumentation ähnelt.

Der Alltagsjargon der Protagonistin ist dabei einfach, trotz ihrer Bemühungen grammatisch nicht immer korrekt und von umgangssprachlichen Wendungen durchzogen („und mit dem Busen gewackelt", Z. 1), was wiederum dem Leser ihre ursprüngliche Herkunft verrät, die ihr peinlich ist und die sie daher so eisern zu kaschieren versucht. Die lapidare Repetition des Terminus „ein Jude" (vgl. Z. 19ff.) verweist zum einen auf mangelndes Interesse an den sich während der Zwischenkriegszeit längst abzeichnenden gesellschaftlichen und politischen Veränderungen und belegt zum anderen die Ich-Bezogenheit der Heldin, die ausschließlich damit beschäftigt ist, ihre persönlichen Interessen zu verfolgen.

---

[1] **Inhalt/Thema:** Die Autoren der Neuen Sachlichkeit richten ihren kritischen Blick auf die soziale, wirtschaftliche oder politische Wirklichkeit in der Weimarer Republik. Gezeigt wird hier z. B. der alltägliche Kampf des „kleinen Mannes" um Selbstbehauptung, der entweder irgendwie zurechtkommt oder untergeht.
Figuren: Auch die Figuren selbst sind sachlich gestaltet. Gefühle sind zwar vorhanden, werden jedoch kaum gezeigt. Oft stehen einfache Menschen der modernen Massengesellschaft im Mittelpunkt, wie etwa Arbeiter, Angestellte, Arbeitslose oder Sekretärinnen.

Letzteres wird zudem an ihrer Beschreibung der „wunderbare[n] Dame" (Z. 33) deutlich: An dem umgangssprachlich-metaphorischen Ton und der beliebig anmutenden Aufzählung von Attributen unterschiedlichster Bedeutungsebenen ist zu erkennen, mit welcher Vehemenz Doris versucht, den modernen, selbstbewussten und erfolgreichen Frauentyp nachzuahmen, um ihr Ziel zu erreichen: „Sie war groß und gar nicht schlank und glänzte blond. Sie war so weich und gerade und gebadet" (Z. 38 f.).

Um sich den Besonderheiten der Neuen Sachlichkeit zu nähern, bearbeiten die Schülerinnen und Schüler folgende Aufgaben (vgl. **Schülerarbeitsheft**, S. 25):

- *Ergänzen Sie die Tabelle (s. S. 23) um weitere charakteristische Merkmale.*
- *Doris ist ambitioniert und möchte unbedingt „ein Glanz" (Z. 10) werden. Erläutern Sie, was sie hierunter versteht und wie sie ihr Ziel zu erreichen versucht.*
- *Charakterisieren Sie „das kunstseidene Mädchen" aus Irmgard Keuns gleichnamigem Roman in Form eines zusammenhängenden Textes.*
- *Der zur Zeit der Weimarer Republik entstandene Roman ist der Stilrichtung der Neuen Sachlichkeit zuzuordnen. Weisen Sie dies mithilfe der gegebenen Informationen in den Textauszügen nach.*

Da eine umfassende Charakterisierung der Figur Doris bereits stattgefunden hat, genügt es an dieser Stelle, die Besonderheiten der Stilrichtung der Neuen Sachlichkeit an der Tafel schriftlich zu fixieren:

Literatur der Zwischenkriegszeit: Die Neue Sachlichkeit (1920–1932)

Inhalt, Thema
- kritischer Blick auf die soziale, wirtschaftliche und/oder politische Wirklichkeit der Weimarer Republik
- alltäglicher Kampf des „kleinen Mannes" um Selbstbehauptung, der sich irgendwie über Wasser hält oder untergeht

Figuren
- sachliche Figuren
- Gefühle sind zwar vorhanden, werden jedoch kaum gezeigt
- einfache Menschen der modernen Massengesellschaft, z. B. Arbeiter, Angestellte, Arbeitslose oder Sekretärinnen

Sprache in dem Roman „Das kunstseidene Mädchen" (2. Textauszug)
- betont objektive, nüchterne Darstellung
  - Aneinanderreihung von Kurzsätzen mit „Und"-Anfängen (vgl. z. B. Z. 25 ff.)
  - Vermeidung von jeglicher emotionaler Auflagung
- einfacher Alltagsjargon der Protagonistin
  - umgangssprachliche Wendungen („und mit dem Busen gewackelt", Z. 1)
  - grammatische Fehler (vgl. Z. 46)
- Beschreibung der „wunderbaren Dame" (vgl. Z. 33 ff.) als Zeichen ihrer Ambitionen

1.6 Das Ich in der Krise: Literatur um 1900 im Vergleich

Wie die vorangegangenen Abschnitte bereits gezeigt haben, umfasst das Thema „Literatur und Sprache um 1900" mehrere Jahrzehnte (1880–1930), die „literaturhistorisch keine Einheit bilden, sondern große Veränderungen, Innovationsschübe und Brüche zeigen"[1]. Allerdings gewinnt das zu untersuchende halbe Jahrhundert „unter dem zentralen Aspekt von Moderne als Ausdruck einer Krisenerfahrung und einer Desillusionierung Profil."[2]

Während der Poetische Realismus und der Naturalismus des ausgehenden 19. Jahrhunderts sich noch primär um eine angemessene Wiedergabe der Wirklichkeit bemühen oder versuchen, die Realität künstlerisch nachzubilden, legen die Dichter spätestens ab Beginn des 20. Jahrhunderts ihr Hauptaugenmerk auf die Subjektivität der Wirklichkeitswahrnehmung. Die Innenwelt des Menschen sowie sein Umgang mit den Widersprüchlichkeiten des Alltags, die es dem Einzelnen kaum noch erlauben, eine eigene, gesicherte Identität zu finden, werden zentraler Gegenstand der Literatur um 1900.

Diesen kleinsten gemeinsamen Nenner des in der Krise befindlichen Ichs, welcher die verschiedenen literarischen Strömungen mit ihren spezifischen Ausprägungen in der Darstellungsweise (vgl. Abschnitte 1.2–1.4) inhaltlich miteinander verbindet, sollen die Kursteilnehmer im Folgenden ermitteln. Zu diesem Zweck soll daher im Rahmen einer vergleichenden Textanalyse die übergeordnete Frage „Worunter leidet die zentrale Figur?" beantwortet werden:

Theodor Fontane: Effi Briest (1896)

Die Titelheldin leidet unter ihren gescheiterten Bemühungen, sich den gesellschaftlichen Konventionen standes- und pflichtgemäß anzupassen. Ihr freigeistiges Wesen ist mit dem um 1900 gängigen Rollenverständnis einer (Ehe-)Frau nicht vereinbar. Die Krise des Ichs erreicht mit Effis Verbannung aus der Gesellschaft, die im Roman stellvertretend durch ihre Familie (Eltern, Ehemann) repräsentiert wird, ihren Höhepunkt. Krankheit und Tod sind die logischen Folgen, die sich aus ihrer Isolation ergeben.

Gerhart Hauptmann: Bahnwärter Thiel (1888)

Die Gewalt- und schließlich Mordfantasien des Bahnwärters sind als Reaktion auf die zuvor selbst erfahrenen körperlichen und seelischen Verletzungen des Helden zu verstehen, die sein soziales Umfeld (Arbeit, Familie), repräsentiert durch seine zweite Frau Lene (Misshandlungen von Tobias, sexuelle Abhängigkeit Thiels), zu verantworten hat. Die Krise des Ichs findet ihren Ausdruck in der Dissoziation[3] und Schizophrenie des Protagonisten.

Arthur Schnitzler: Fräulein Else (1924)

Fräulein Elses Unfähigkeit, echte Gefühle zu empfinden, wie etwa sich in einen anderen Menschen zu verlieben, lässt auf die Leere ihres Lebens bzw. ihrer Existenz schließen. Das Ich befindet sich in einer latenten Krise. Durch Selbstbespiegelung versucht die Protagonistin, Langeweile und Weltschmerz zu kompensieren.

---

[1] Niedersächsisches Kultusministerium: Kerncurriculum für das Gymnasium – gymnasiale Oberstufe, die Gesamtschule – gymnasiale Oberstufe, das Fachgymnasium, das Abendgymnasium, das Kolleg. Deutsch. Hannover 2009, S. 28

[2] Ebd.

[3] **Dissoziation** = krankhafte Entwicklung, in deren Verlauf zusammengehörige Denk-, Handlungs- oder Verhaltensabläufe in weitgehend unkontrollierte Teile und Einzelerscheinungen zerfallen

Alfred Döblin: Berlin Alexanderplatz (1929)

Franz Biberkopf findet sich nach seiner Freilassung in einer im radikalen Wandel befindlichen Umwelt wieder. Orientierungslos irrt er durch die sich formende Großstadt Berlin, die neuen, vielfältigen Eindrücke versetzen ihn in Angst und Panik. Die Krise des Ichs manifestiert sich im Wirklichkeits- und Ich-Verlust des Helden.

Irmgard Keun: Das kunstseidene Mädchen (1932)

Doris empfindet ihre einfache Herkunft (und die damit einhergehende finanzielle Not) als Last bzw. Bürde, weshalb sie ihre familiären Wurzeln verleugnet und den unbedingten Willen zum sozialen Aufstieg ins (Besitz-)Bürgertum verspürt. Die Flucht in die Glamourwelt der Filmschauspielkunst versinnbildlicht die Krise des Ichs.

Alle fünf literarischen Figuren der Literatur um 1900 leiden, was symptomatisch für die generelle Um- und Aufbruchsstimmung zur Zeit der Jahrhundertwende ist. In diesem Zusammenhang stellt der österreichische Physiker und Philosoph Ernst Mach in seinem Werk „Analyse der Empfindungen" (vgl. **Schülerarbeitsheft**, S. 26) Folgendes fest: „Das Ich ist unrettbar. Teils diese Einsicht, teils die Furcht vor derselben führen zu den absonderlichsten pessimistischen und optimistischen, religiösen, asketischen und philosophischen Verkehrtheiten" (Z. 16 ff.), womit er ein für den Epochenumbruch charakteristisches Phänomen kennzeichnet.

Für Mach hat die Unrettbarkeit des Ichs jedoch einen einfachen Grund: „Das Ich ist keine unveränderliche, bestimmte scharf begrenzte Einheit." (Z. 1) Ebenso einfach erscheint der von ihm aufgezeigte Weg, die Krise zu überwinden, indem das Ich lernt zu akzeptieren, dass es selbst zwar nicht unsterblich ist, aber der Mensch selbst fortbestehen wird und mit ihm die übergeordneten, allgemeingültigen Vorzüge dieser Spezies. Indem der Einzelne sich selbst als Nebensache eines großen Ganzen begreift, könne er „zu einer freieren und verklärten Lebensauffassung gelangen, welche Missachtung des fremden Ich und Überschätzung des eigenen ausschließt" (Z. 24 ff.).

Da diese Aufgabe ein hohes Abstraktionsvermögen erfordert, empfiehlt sich hierfür als Sozialform die Gruppenarbeit (vgl. **Schülerarbeitsheft**, S. 26 f.):

> ■ *Fassen Sie in einem prägnanten Satz zusammen, warum das Ich aus Sicht des Philosophen Ernst Mach „unrettbar" (Z. 16) ist.*
> ■ *Lesen Sie die Textauszüge von Theodor Fontane, Gerhart Hauptmann, Arthur Schnitzler, Alfred Döblin und Irmgard Keun (S. 7–25) erneut mit Blick auf das Thema „Das Ich in der Krise", übertragen Sie die folgende Tabelle in Ihr Heft und notieren Sie, worunter die zentrale Figur jeweils leidet.*
> ■ *Erläutern Sie den Weg, den Ernst Mach seinen Zeitgenossen in seinen Ausführungen aufzeigt, um ihre Identitätskrise zu überwinden.*
> ■ *Setzen Sie sich kritisch mit der vorgeschlagenen Lösung auseinander, indem Sie versuchen, diese auf die Situation der Figuren zu übertragen, und die Erfolgsaussichten beurteilen.*

Obwohl die Schülerergebnisse sehr verschieden ausfallen können und werden, soll im Folgenden ein mögliches Wandplakat vorgestellt werden:

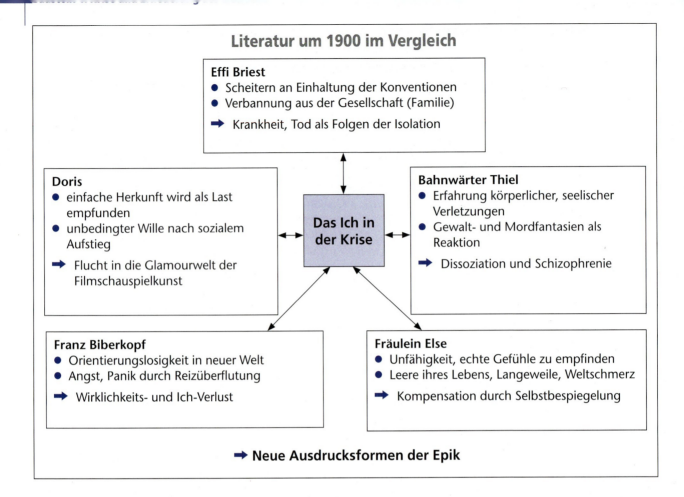

1.7 Neue Ausdrucksformen der Epik: Traditionelles und modernes Erzählen im Vergleich

Die Autoren um die Jahrhundertwende „formulierten und gestalteten ihre Abwendung von der Position einer künstlerischen, poetisierenden Nachahmung der Wirklichkeit in unterschiedlicher Form."[1] Angesichts der radikalen Veränderungen in sämtlichen Lebensbereichen und des wissenschaftlichen Fortschritts insbesondere im Bereich der Naturwissenschaften „loteten sie aus, inwieweit menschliches Handeln durch Biologie, Psychologie und soziale Bedingungen determiniert wird, oder sie sahen ihre Aufgabe in einer ästhetischen Überwindung des banal Wirklichen und der Schaffung von Gegenwelten."[2] Die als disparat wahrgenommene neue Welt um 1900 führte zu einer Vielfalt neuer Ausdrucksformen in der Epik.

Dieser Abschnitt dient daher der systematischen Zusammenfassung des Bisherigen, indem die Ergebnisse zu den bereits bearbeiteten Texten unter der Fragestellung „Was ist an der Erzählweise der Literatur um 1900 neu?" ausgewertet werden sollen.

Zu diesem Zweck lesen die Schülerinnen und Schüler einen Sekundärtext zu den Tendenzen der Romangestaltung im 20. Jahrhundert (vgl. **Schülerarbeitsheft**, S. 27 ff.) und bearbeiten die dazu formulierten Aufgabenstellungen:

■ *Formulieren Sie auf einem gesonderten Blatt zehn Fragen, auf die der Text eine Antwort gibt.*

---

[1] Niedersächsisches Kultusministerium: a. a. O., S. 28
[2] Ebd.

- *Tauschen Sie Ihr Blatt mit dem Sitznachbarn und beantworten Sie dessen Fragen.*
- *Legen Sie zudem eine Tabelle nach folgendem Muster an.*
- *Fassen Sie die wesentlichen Strukturmerkmale des modernen Erzählens stichwortartig zusammen (Spalte 1).*
- *Benennen Sie in den verschiedenen Textauszügen (vgl. S. 7–25) das jeweils Moderne der Erzählweise und notieren Sie ausgewählte Beispiele in Spalte 2.*
- *Vervollständigen Sie Ihre Übersicht, indem Sie aus der Darstellung des Verfassers Rückschlüsse auf das traditionelle Erzählen ziehen (Spalte 3).*

Aufgrund des zu erwartenden Umfangs erscheint ein Vergleich der Ergebnisse im Unterrichtsgespräch wenig sinnvoll. Auch deren Zusammenfassung in Form eines Tafelbildes ist nicht bzw. kaum möglich. Aus diesem Grund sollte den Schülerinnen und Schülern das **Zusatzmaterial 4** (S. 121) ausgehändigt oder auf S. 77 f. im Anhang des **Schülerarbeitshefts** verwiesen werden: Dieses enthält eine von der BBS I Lüneburg[1] erstellte, umfassende tabellarische Gegenüberstellung von traditionellem und modernem Erzählen, welche es den Kursteilnehmern ermöglicht, ihre Lösungen selbstständig abzugleichen.

In einem abschließenden Unterrichtsgespräch sollten die Schülerinnen und Schüler Vermutungen anstellen, weshalb sich die Erzählweise in der Literatur um 1900 erkennbar verändert hat. Mithilfe der folgenden Leitfrage kann die Diskussion initiiert werden:

- *Welche gesellschaftlichen und weltanschaulichen Gründe haben zu dem Wandel des Erzählens im modernen Roman geführt?*

An dieser Stelle scheint es angebracht, die Schülerinnen und Schüler zu Wort kommen zu lassen, indem sie ihre Position zur Ästhetik der Literatur um 1900 äußern und vertreten können. Als Anregung lesen sie den Text „Lumpe als Helden. Ein Beitrag zur modernen Ästhetik" von Hans Merian (1891) (vgl. **Schülerarbeitsheft**, S. 30) und bearbeiten die dazu formulierten Aufgabenstellungen:

- *Fassen Sie die zentralen Aussagen des Textes zusammen.*
- *Stellen Sie einen Bezug zu den bislang behandelten literarischen Texten her, indem Sie diejenigen Figuren benennen, die „Lumpen" im Sinne Merians sind. Begründen Sie Ihre Auswahl.*
- *Schreiben Sie einen Leserbrief an die Literaturzeitschrift „Die Gesellschaft", in welchem Sie Hans Merians Frage (vgl. Z. 9 ff.), ausgehend von Ihren eigenen Leseerfahrungen, beantworten.*

Es ist davon auszugehen, dass die Schülerinnen und Schüler keine Verständnisschwierigkeiten im Umgang mit diesem Sachtext haben werden, weshalb die wesentlichen Kernaussagen an dieser Stelle lediglich kurz und zudem unkommentiert wiedergegeben werden:
- Die Weltanschauung der Moderne ist sozial (Milieutheorie) und evolutionistisch (durch Abstammungslehre) geprägt (vgl. Z. 1 ff.).
- Vor diesem Hintergrund ist es folgerichtig, dass der moderne Bösewicht in der Literatur nur ein Kranker, Verkommener sein kann (vgl. Z. 5 ff.).
- Die Dichter der Moderne halten einen Lumpen als Held für künstlerisch, da Ästhetik auf der logischen Kausalität der Welt beruht (vgl. Z. 9 ff.).
- Die literarische Studie einer typischen Krankheitserscheinung der Moderne ist zum einen tröstlich und regt zum anderen den Leser zum Nachdenken an (vgl. Z. 20 ff.).

---

[1] BBS I Lüneburg: Hilfestellungen für Schülerinnen und Schüler. Gegenüberstellung traditionelles und modernes Erzählen. Lüneburg o. J. Zitiert nach URL: www.bbs1-lueneburg.de/joomla/images/files/deutsch/deutsch_homepage/trad_mode_erzaehlweisen_1.pdf (Abrufdatum: 18.10.2014)

1.8 Einfluss wissenschaftlicher Erkenntnisse auf die Literatur

1.8.1 Friedrich Nietzsches philosophischer Nihilismus

Seine radikale Weltanschauung, mit der er bei seinen Zeitgenossen stark polarisiert hat,[1] fasst Nietzsche selbst wie folgt zusammen: „Nihilismus, das heißt die radikale Ablehnung von Wert, Sinn, Wünschbarkeit. [...] Der radikale Nihilismus ist die Überzeugung einer absoluten Unhaltbarkeit des Daseins."[2] Welche Erfahrungen muss der Dichter und Philosoph gemacht haben, um zu solch einer Sichtweise zu gelangen?

Das Theodizee-Problem, die Rechtfertigung Gottes hinsichtlich des von ihm in der Welt zugelassenen Übels und Bösen, ist wahrlich nicht neu. Hieran knüpft Nietzsche letztlich an, denkt dabei jedoch einen Schritt weiter, indem er seine Zeitgenossen für die Abwesenheit Gottes verantwortlich macht, welche zwar die Gebote der Bibel kennen, die hierdurch vermittelten Tugenden jedoch nicht oder nur dann, wenn sie gerade nützlich erscheinen, leben würden. Aus diesem Grund sei der christliche Glaube lediglich Heuchelei. In seinem Werk „Die fröhliche Wissenschaft" (vgl. hierzu auch den Auszug im **Schülerarbeitsheft**, S. 32) beantwortet Nietzsche daher die Frage „Wohin ist Gott?" eindeutig mit „Gott ist tot! [...] Und wir haben ihn getötet!"[3]

Auch die Kirche habe ihren Einfluss als Autorität längst verloren und könne keine objektive Wirklichkeit bzw. Wahrheit vermitteln: „Was sind denn diese Kirchen noch, wenn sie nicht die Grüfte und Grabmäler Gottes sind?"[4] Aus alledem folgt, dass es an allgemeingültigen und verbindlichen ethischen Werten und Normen fehle, wodurch das menschliche Dasein sinnlos und leer sei. Das Althergebrachte, scheinbar sicher Bestehende erweise sich als nichtig, weshalb der Mensch ohne Autorität, welche ihm Halt geben würde, „durch ein unendliches Nichts [irre]"[5].

Da der Mensch der Moderne somit dazu gezwungen sei, Werte und Normen sowie Lebenssinn selbstständig zu entwickeln, allerdings prinzipiell Angst davor habe, sich ohne die Hilfe von Autoritäten eigene Ziele zu setzen, sei er daher auch nicht in der Lage, den Nihilismus (lat. „nihil" = *nichts*) zu überwinden, so Nietzsche.

Den Begriff des „Übermenschen"[6] erwähnt der Dichter und Philosoph erstmalig in seinem kunstvollen, auf inhaltlicher Ebene jedoch arg umstrittenen Werk „Also sprach Zarathustra". (Vgl. hierzu auch den Auszug im **Schülerarbeitsheft**, S. 33f.) Der Übermensch stellt keine neue Spezies dar, vielmehr handelt es sich um denselben Menschen, der allerdings frei, stark, leidenschaftlich und lebensbejahend genug sein muss, um „etwas über sich hinaus [zu schaffen]"[7], dem es sinnbildlich gelingt, über sich hinauszuwachsen, bzw. der danach strebt, sich selbst zu überwinden.[8]

Durch das Schöpfen neuer, eigener Werte und dem damit einhergehenden Erlangen einer „gesunden Moral", welche durch die Rückbesinnung auf die Naturprinzipien in Anlehnung an Darwin und Schopenhauer lebensnäher und echter sei, gelinge dem Übermenschen schließlich die Überwindung des Nihilismus. Das Ziel der Menschheit besteht nach

---

[1] Einige Zeitgenossen haben den Nihilismus als große Befreiung des Menschen empfunden, andere wiederum waren der Auffassung, dass das Leben durch diesen philosophischen Ansatz vollkommen sinnlos werde.
[2] Nietzsche, Friedrich: Wille zur Macht. In: Prossliner, Johann: Lexikon der Nietzsche-Zitate. Deutscher Taschenbuch Verlag. München 2001, S. 49
[3] Nietzsche, Friedrich: Die fröhliche Wissenschaft. In: Kaufmann, Walter: Nietzsche. Philosoph, Psychologe, Antichrist. Darmstadt 1988, S. 112f./Im Schülerarbeitsheft S. 32, Z. 15 und Z. 21f.
[4] Ebd./Schülerarbeitsheft, Z. 34f.
[5] Ebd./Schülerarbeitsheft, Z. 20
[6] Nietzsche, Friedrich: Also sprach Zarathustra. Ein Buch für Alle und Keinen. Insel Verlag. Frankfurt am Main 1976, S. 13
[7] Ebd./Im Schülerarbeitsheft S. 34, Z. 11
[8] Vgl. ebd. In der Nietzsche-Forschung wird der Übermensch auch als der Versuchende, Strebende, sich selbst Überwindende definiert.

Nietzsche somit in der Weiterentwicklung des Menschen und dem Erreichen seiner höchsten Entwicklungsstufe in Gestalt des Übermenschen im Sinne einer Auslese.[1]

In einer ersten Annäherung sollen die Schülerinnen und Schüler zunächst einen Sachtext über Nietzsches philosophischen Nihilismus lesen (vgl. **Schülerarbeitsheft**, S. 31) und die einführenden Aufgabenstellungen[2] bearbeiten. Aufgrund der Komplexität des Lerngegenstandes sollte dies sinnvollerweise im Rahmen einer Gruppenarbeit erfolgen:

- ■ *Beschreiben Sie das Weltbild der Vertreter des Nihilismus.*
- ■ *In der folgenden Aufstellung sind mehrere Zitate von Nietzsche enthalten, die sich auf nihilistisches Denken beziehen. Klären Sie im Gruppengespräch, welche das möglicherweise sind, und begründen Sie Ihre Auswahl.*

Im anschließenden Unterrichtsgespräch können die Aufgaben miteinander verglichen und besprochen werden. Die Lösung zu Aufgabe 2 lautet dabei wie folgt: Die Zitate 1, 2, 5, 6, 8, 9 und 12 stammen von Friedrich Nietzsche.

Die Ergebnisse zu Aufgabe 1 sollen idealerweise auf einem Wandplakat gesammelt werden – sie werden später durch die Ergebnisse der Aufgaben zu Texten Nietzsches („Die fröhliche Wissenschaft" und „Also sprach Zarathustra", vgl. **Schülerarbeitsheft**, S. 32 ff.) ergänzt. Das Wandplakat könnte nach Abschluss der Unterrichtseinheit zum philosophischen Nihilismus so aussehen:

Friedrich Nietzsches philosophischer Nihilismus

- Einschätzung der Gesellschaft aus Sicht der Nihilisten (lat. „nihil" = *nichts*)
  - Kritik an den Menschen
    - die in der Bibel vermittelten Tugenden (vgl. Gebote) werden nicht gelebt
    - christlicher Glaube ist folglich Heuchelei
    - allgemeingültige, verbindliche ethische Werte und Normen fehlen
  - Kritik an der Kirche: eine die objektive Wirklichkeit bzw. Wahrheit verbreitende Instanz existiert ebenfalls nicht
- Schlussfolgerung aus ihren Beobachtungen
  - „Gott ist tot" durch Menschenhand
  - Leere und Sinnlosigkeit des menschlichen Daseins (⇒ das „Nichts")

↓

Überwindung des Menschen bzw. des Nihilismus durch die Entwicklung eigener Ziele und Moralvorstellungen („Übermensch")

---

[1] Vgl. ebd.
[2] Aufgabe 2 erfolgt dabei in Anlehnung an: Olzog Verlag: Großer Denker – tiefe Gedanken: Friedrich Nietzsche. In: Ders.: Ideenbörse Ethik. Sekundarstufe I. Heft 2 (12/2002). München 2002, S. 6

Die folgenden Aufgaben sollen den Zugang zu dem Auszug aus „Die fröhliche Wissenschaft" (vgl. **Schülerarbeitsheft**, S. 32) erleichtern und das bisher Erarbeitete vertiefen.

- *Fassen Sie die Eigenschaften des tollen Menschen in Nietzsches Parabel zusammen.*
- *Erläutern Sie, weshalb der tolle Mensch überzeugt ist, dass ihn niemand versteht (vgl. Z. 28).*
- *Der tolle Mensch richtet sich mit der rhetorischen Frage „Irren wir nicht durch ein unendliches Nichts?" (Z. 20 f.) an sein Publikum. Verdeutlichen Sie den kausalen Zusammenhang zum Tode Gottes.*
- *Verfassen Sie eine Gegenrede, in der Sie das hier dargestellte Menschenbild bewerten.*
- *Bereiten Sie den Vortrag Ihrer Rede vor, indem Sie sich überlegen, wie Sie sich sprachlich (Artikulation, Rhythmus, Lautstärke, Betonung, Sprechpausen usw.) und körpersprachlich (Mimik, Gestik, Körperhaltung) artikulieren wollen, um bei Ihrem Publikum die gewünschte Wirkung zu erzielen.*

Mithilfe der Interpretationsaufgaben zur Rede des gleichnamigen Helden aus „Also sprach Zarathustra" (vgl. **Schülerarbeitsheft**, S. 33 f.) hingegen soll das übergeordnete Thema „Krise und Erneuerung" nochmals aufgegriffen und weiter vertieft werden.

- *Stellen Sie die von Zarathustra angedeuteten Entwicklungsstufen des Menschen in Form eines Schaubildes dar.*
- *Erklären Sie die These des Protagonisten „Der Mensch ist etwas, das überwunden werden soll" (Z. 8 f.).*
- *Interpretieren Sie den Auszug aus „Also sprach Zarathustra" im Hinblick auf das zentrale Thema „Krise und Erneuerung um 1900".*

Zarathustras These „Der Mensch ist etwas, das überwunden werden soll" kann auch als neuer Aspekt zum Thema „Krise und Erneuerung" interpretiert werden, wie die exemplarisch angeführten Deutungshypothesen zeigen:

- Der Mensch der Moderne sollte (endlich) seine bisherigen Grenzen in sämtlichen Lebensbereichen überwinden.
- Die tradierten, längst überholten, gesellschaftlichen Strukturen, die den Einzelnen weiterhin fremdbestimmen und ihn an seiner Selbstentfaltung behindern, sollten im Sinne einer Erneuerung endlich überwunden werden.
- Eine neue Sichtweise darauf, was den Menschen in seinem Handeln bestimmt, sollte genutzt werden, um die eigenen Verhaltensmöglichkeiten zu erweitern und zu verändern.

In einem Abschlussgespräch sollten folgende übergeordnete Leitfragen diskutiert werden:

- *In welchen Textauszügen aus der Literatur um 1900, die Sie bisher kennengelernt haben, erkennen Sie Nietzsches Einfluss wieder?*
  Woran wird dies für Sie deutlich?
  Wie beurteilen Sie Nietzsches philosophischen Nihilismus selbst?
  Welche Fragen würden Sie Nietzsche stellen, wenn Sie könnten?
  Halten Sie diese Anschauung auch heute noch für aktuell? Warum (nicht)?

Alternativ zu den letzten drei Fragen ist es auch denkbar, die Schülerinnen und Schüler einen Brief an Nietzsche verfassen zu lassen, in welchem sie ihre eigene Position darlegen und/oder kritische Nachfragen an ihn richten:

■ *Nietzsche hat mit seinen Ansichten stark polarisiert: Einige Zeitgenossen haben den Nihilismus als große Befreiung des Menschen empfunden, andere wiederum waren der Auffassung, dass das Leben durch diesen philosophischen Ansatz vollkommen sinnlos werde.*
Verfassen Sie einen Brief an Friedrich Nietzsche, in welchem Sie ihm Ihre eigene Position darlegen. Richten Sie gegebenenfalls auch offene Fragen an ihn, die Sie nach wie vor beschäftigen.

1.8.2 Sigmund Freuds Psychoanalyse

Kurz vor seinem Tod beginnt der österreichische Arzt und Psychologe Sigmund Freud (1856–1939) mit seinem „Abriss der Psychoanalyse" (1938) (vgl. hierzu auch die Auszüge im **Schülerarbeitsheft**, S. 34ff.) eine knappe, zusammenfassende Darstellung seiner bahnbrechenden Lehre um die Jahrhundertwende, die er allerdings nicht mehr beenden kann. Das zentrale Element der Theorie Freuds ist seine Annahme, dass sich die menschliche Psyche aus drei Instanzen zusammensetzt: Es handelt sich dabei um die angeborenen und somit unbewussten Triebe, die er als **Es** bezeichnet. Den Gegenpart hierzu bildet das durch gesellschaftliche Normen anerzogene **Über-Ich** (Gewissen). Die letzte Instanz ist das **Ich** als bewusste Persönlichkeit bzw. Identität, dessen Aufgabe es ist, zwischen den beiden anderen psychischen Instanzen zu vermitteln bzw. diese miteinander in Einklang zu bringen.[1]

Gelingt es dem Einzelnen nicht, die Balance zu halten bzw. zu erlangen, sondern befinden sich die Instanzen Ich, Es und Über-Ich vielmehr im Ungleichgewicht, ist von einer Identitätskrise zu sprechen. Freud führt dabei viele der hieraus resultierenden psychischen Störungen auf eine sexualitätsfeindliche Erziehung in der frühen Kindheit zurück.

Aufgrund der Macht des Über-Ichs drücken sich diese Störungen häufig in Träumen aus, wobei er zwischen dem „latenten Traumgedanken" und dem „manifesten Trauminhalt" unterscheidet. Letzteres ist das Ergebnis der Traumarbeit.[2] Der **manifeste Trauminhalt**, das Konkrete, an das sich der Einzelne nach dem Erwachen zu erinnern vermag, ist nur eine entstellte Fassade, hinter der sich der eigentliche **latente Traumgedanke** tief im Es verbirgt.[3]

Freud beschreibt dieses Phänomen der Traumarbeit wie folgt: „Das Studium der Traumarbeit lehrt uns an einem ausgezeichneten Beispiel, wie unbewusstes Material aus dem Es, Ursprüngliches und Verdrängtes, sich dem Ich aufdrängt, vorbewusst wird und durch das Sträuben des Ichs jene Veränderungen erfährt, die wir als die *Traumentstellung* kennen."[4]

Die Heilung eines neurotischen Menschen kann für Freud nur durch die Bewusstmachung der verdrängten Wünsche erzielt werden. Zugleich muss es durch kulturelle Ersatzleistungen möglich sein, die destruktiven Wünsche in produktives Gestalten umzuwandeln. Für Freud kann das z. B. die Kunst sein.

Insbesondere für das Verständnis der Literatur um 1900, in der das in der Krise befindliche Ich thematisiert wird, welches orientierungslos durch die sich rasant verändernde moderne Welt irrt, bieten sich psychoanalytische Interpretationsansätze förmlich an, weshalb es sinnvoll erscheint, die Schülerinnen und Schüler mit Freuds Theorie, die bis heute nicht an Aktualität verloren hat, zu konfrontieren.

Um sich die Grundlagen anzueignen, lesen die Kursteilnehmer zwei Auszüge aus Sigmund Freuds „Abriss der Psychoanalyse" (vgl. **Schülerarbeitsheft**, S. 34f.), in der die drei Instanzen der menschlichen Psyche sowie die Funktionsweise der Traumarbeit erläutert werden. Diese Theorie soll im Kern erfasst und anschließend auf den Auszug eines Textes von Franz Kafka angewendet werden.

---

[1] Vgl. Freud, Sigmund: Abriss der Psychoanalyse. Frankfurt am Main 1955, S. 10f.
[2] Vgl. Freud, Sigmund: a. a. O., S. 31
[3] Vgl. ebd.
[4] Ebd./Im Schülerarbeitsheft S. 35, Z. 5ff.

- *Stellen Sie die Beziehungen zwischen den drei psychischen Instanzen des Menschen in Form eines Schaubildes dar, um sich einen Überblick zu verschaffen.*
- *Erklären Sie den Unterschied zwischen einem „manifesten Trauminhalt" und dem „latenten Traumgedanken".*
- *Fassen Sie die Grundgedanken der Theorie von Sigmund Freud zusammen. Berücksichtigen Sie dabei insbesondere folgende Aspekte:*
  - *Anlässe für die Traumbildung*
  - *Aufgabe und Funktionsweise der Traumarbeit*
- *Erläutern Sie auf der Grundlage der Psychoanalyse Freuds den Begriff der Identitätskrise in einem kurzen Text.*

Aufgrund der Komplexität der Theorie Freuds sollte eine erste Reflexion bereits nach der Bearbeitung der ersten Aufgabe erfolgen, da die Schülerinnen und Schüler diese nur dann sachgerecht auf den Kafka-Text anwenden können, wenn die Grundlagen verstanden worden sind.

 Im Unterrichtsgespräch sollten hierbei insbesondere die Beziehungen der drei Instanzen der menschlichen Psyche untereinander deutlich werden:

Sigmund Freud: Abriss der Psychoanalyse (1938)

Über-Ich — Gewissen:
Werte und Normen zwingen das Individuum zum Verzicht auf die Befriedigung seiner Triebe und stehen der Sehnsucht nach Selbstverwirklichung im Wege

Ich
Bewusstsein:
Reich der Vernunft bzw. Besonnenheit; Ursprung des eigenen Verhaltens und der Verankerung des Individuums in seiner Umwelt (**Identität**)

Es
Unterbewusstsein:
Reich der Triebe bzw. des Anstößigen; wird daher aus dem Bewusstsein verdrängt und tritt häufig erst im Traum zutage (**Traumarbeit**)

Die drei Instanzen der menschlichen Psyche müssen miteinander in Einklang gebracht werden, damit sich der Mensch in seiner sozialen Umwelt korrekt verhalten und seine Rolle innerhalb der jeweiligen Gruppe (Familie, Arbeitskollegen, Freunde usw.) erfüllen kann.

➡ **Identitätskrise:** Ich, Es und Über-Ich sind im Ungleichgewicht.

Im nächsten Schritt sollen die erworbenen theoretischen Kenntnisse zu Freuds Psychoanalyse exemplarisch auf einen Auszug aus Franz Kafkas fragmentarischer Erzählung „Hochzeitsvorbereitungen auf dem Lande" (vgl. **Schülerarbeitsheft**, S. 36f.) angewendet werden.

In diesem Auszug des zwischen 1907 und 1909 entstandenen, jedoch erst posthum veröffentlichten Werkes befindet sich der 30-jährige Eduard Raban auf dem Weg zum Bahnhof, um für einen 14-tägigen Urlaub zu seiner Verlobten Betty aufs Land zu fahren. Der fast durchgängige innere Monolog offenbart jedoch ein großes Unbehagen des Protagonisten angesichts seiner bevorstehenden Reise. Im Hinblick auf das Ausmaß seiner Angst vor der Begegnung mit seiner Verlobten und deren Familie, die offenkundig tiefere Ursachen hat und pathologische Züge aufweist, erscheint hier ein psychoanalytisches Interpretationsverfahren[1] in Anlehnung an Sigmund Freud angebracht:

Während Eduard Raban am Bahnsteig auf den Zug wartet, der ihn zu seiner Verlobten bringen soll, zeigt er bereits erste psychosomatische Krankheitserscheinungen, welche die Aussicht auf seinen baldigen Aufenthalt auf dem Lande in ihm auslöst. Er klagt über die große Müdigkeit (vgl. Z. 4), die ihn schon jetzt plagt, und er ist sich gewiss: „Die Reise wird mich krank machen, ich weiß es wohl." (Z. 6) Diese Vorstellung reift weiter aus zu einer fixen Idee von einer schweren Erkältung, die er sich bei einem abendlichen Spaziergang am Teich ganz sicherlich holen wird (vgl. Z. 10f.) – trotz getroffener Vorkehrungen seinerseits, sich „vorsichtig [zu kleiden]" (Z. 9).

Diese übertriebene, hypochondrisch anmutende Sorge um sein gesundheitliches Wohlergehen verweist zugleich auf weitere wesentliche Charaktereigenschaften des fragilen Helden: Unsicherheit, mangelndes Selbstwertgefühl und eine hieraus resultierende Ängstlichkeit im zwischenmenschlichen Umgang prägen sein gesamtes Denken und Handeln und isolieren ihn von seinen Mitmenschen, weshalb er seine „kleinen Ferien" lieber allein „in der Stadt [verbringen würde], um [s]ich zu erholen" (Z. 5f.), statt sich „Leuten anschließen [zu] müssen, die spät am Abend spazieren [wollen]" (Z. 9f.).

Er glaubt, sich „bei den Gesprächen wenig hervortun" (Z. 11 f.) zu können, hat Angst davor, durch seine Unbeholfenheit unter Menschen negativ aufzufallen (vgl. Z. 11 ff.) und „ausgelacht zu werden" (Z. 15) und hält sich für eine „Nichtigkeit" (Z. 32), die nicht in die Gesellschaft passt (vgl. Z. 11 ff.). Aufgrund dessen und des Umstands, dass er in seinem Leben noch nicht herumgekommen ist (vgl. Z. 13), scheint er das Reisen und fremde Menschen generell zu scheuen, weshalb er sich durch die Fahrt aufs Land regelrecht bedroht fühlt und eine Klaustrophobie gegen „[a]lle, die mich quälen wollen und die jetzt den ganzen Raum um mich besetzt haben" (Z. 23f.), entwickelt.

Raban ist sich jedoch bewusst, dass diese Reise zu seiner Braut und das damit verbundene Aufeinandertreffen mit den Menschen aus ihrem sozialen Umfeld, die hohe Erwartungen an seine Person als glücklichen Bräutigam stellen (Über-Ich), unvermeidlich sind (vgl. Z. 20 ff.). Daher entwickelt er Strategien, um die ihn verstörende Wirklichkeit zu verdrängen, indem er sich in einen (Tag-)Traum flüchtet, der ihm Hoffnung und Kraft spendet, die „lange schlimme Zeit der nächsten vierzehn Tage [zu] überstehn" (Z. 20f.).

In seiner Fantasie gelingt es ihm wie auch früher „immer als Kind bei gefährlichen Geschäften" (Z. 29f.), nur seinen „angekleideten Körper" (Z. 31) fortzuschicken, während seine verwundbare Seele an einem vertrauten und ihn vor der Außenwelt schützenden Rückzugsort bleibt, „[s]einem Bett, glatt zugedeckt mit gelbbrauner Decke" (Z. 34). In seiner Traumarbeit gewinnt Raban zudem an Selbstbewusstsein, innerer Ruhe und Lebensmut, indem er sich verwandelt und „die Gestalt eines großen Käfers, eines Hirschkäfers oder eines Maikäfers" (Z. 39f.) annimmt.

Seine kindlichen Tagträume, in denen er neben der äußerlichen insbesondere auch eine innere Verwandlung vollzieht, erlauben es dem fragilen Helden, der Wirklichkeit, welcher er sich nicht gewachsen fühlt, zu entkommen und wenigstens in seiner Parallelwelt Geist und Körper selbst bestimmen und kontrollieren zu können (vgl. Z. 40ff.).

Dieser Übergang von der als unzumutbar empfundenen Realität in die heile Traumwelt spiegelt sich auch auf sprachlicher Ebene wider und offenbart zugleich die Stimmungsschwankungen, denen der Protagonist offenbar unterworfen ist: Während Eduard Raban im ersten Teil des Textauszugs auf den Leser passiv und depressiv wirkt, dadurch, dass er sich seinem Schicksal ergibt und bereit ist, „schwach und still [zu] sein und alles mit [sich] ausführen [zu]

---

[1] Die psychoanalytischen Verfahren der Literaturwissenschaft liefern Erkenntnisse zu folgenden drei Aspekten: die Werkinterpretation, die Erforschung der Dichterpersönlichkeit sowie die Rezeptionsforschung.

lassen" (Z. 26 f.), ist in der zweiten Hälfte eine Veränderung zu beobachten: Der Anblick der Pferde macht ihm plötzlich „Mut ohne Zweifel" (Z. 23) und er vertraut auf die Stärke seiner fiktiven Identität als Käfer, der „alles [...] aufs Beste vollführen" (Z. 44) wird.

Mithilfe der folgenden Aufgabe kann die psychoanalytische Beschäftigung mit dem Text initiiert werden (vgl. **Schülerarbeitsheft**, S. 37):

■ *Beantworten Sie die folgenden Fragen stichwortartig, um sich dem Text „psychoanalytisch" zu nähern:*
- *Wovor hat Eduard Raban Angst (Es) und warum?*
- *Worin äußert sich der Unwille des Protagonisten, seinen Urlaub auf dem Land verbringen zu müssen?*
- *Wie wird in diesem Textauszug das Über-Ich repräsentiert?*
- *Welche Funktion hat Rabans (Tag-)Traum in dieser Situation?*

■ *Interpretieren Sie den Auszug aus Franz Kafkas fragmentarischer Erzählung „Hochzeitsvorbereitungen auf dem Lande", indem Sie die innere Verfassung des Protagonisten Eduard Raban zumindest ansatzweise mithilfe der Psychoanalyse erklären.*

Die Ergebnisse dieser Textanalyse können an der Tafel wie folgt visualisiert werden:

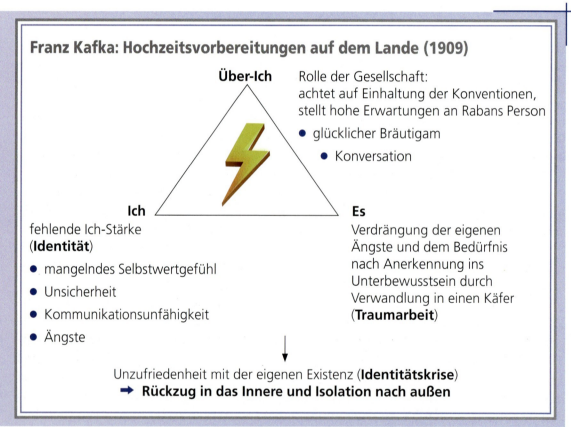

Baustein 2
Die Großstadt als literarisches Thema

Dieser Baustein dient der Vertiefung des vorangegangenen (vgl. Baustein 1), indem der Blick auf das moderne Leben in einer Großstadt gerichtet wird.

Stadt und Land sind zwar seit jeher Stätte täglicher Wirklichkeitserfahrungen, aber mit zunehmender Urbanisierung im ausgehenden 19. Jahrhundert rücken sie in das Zentrum tief greifender Reflexion. Insbesondere die Großstadt als Ort vielfältiger Erlebnisse und Verstrickungen wird zum Gegenstand der Literatur um 1900, welche die Befindlichkeit des modernen Menschen und sein soziales Umfeld in positivem, aber auch negativem Sinne beeinflusst. Selbst diejenigen, die sich nicht über ihre Arbeit, Freizeit, Wohnung usw. definieren und sich vom (groß-)städtischen Leben distanzieren, geraten angesichts der in dieser Zeit aufkommenden Massenmedien, neuen Fortbewegungsmöglichkeiten usw. zunehmend in ihren Bann.

2.1 Die Stadt – Ort der Entfaltung oder der (Selbst-)Entfremdung?

In seinem einzigen Prosawerk, dem 1910 erschienenen Tagebuchroman „Die Aufzeichnungen des Malte Laurids Brigge", verarbeitet Rainer Maria Rilke seine Pariser Großstadterfahrungen. Der zurückgezogen lebende dänische Dichter Malte Laurids Brigge beschreibt Elend, Krankheit, Einsamkeit und Sterben der Menschen – zunächst aus der Perspektive eines scheinbar distanzierten, nicht Anteil nehmenden Außenstehenden, der sich jedoch mit Fortschreiten seiner Tagebuchaufzeichnungen innerlich wandelt.

Bei dem den Schülerinnen und Schülern vorliegenden Textauszug handelt es sich um den Romananfang (vgl. **Schülerarbeitsheft**, S. 38 f.). Mit seinem einleitenden Satz – „So, also hierher kommen die Leute, um zu leben, ich würde eher meinen, es stürbe sich hier." (Z. 2) – benennt er bereits ein zentrales Thema dieses Romans, der von den bedrückenden Erfahrungen von Menschen handelt, welche mit der Hoffnung in die Großstadt kommen, hier bessere Lebensbedingungen zu finden, schließlich jedoch scheitern.

Der Ich-Erzähler führt verschiedene Beispiele an, um seine persönliche Einschätzung zu belegen, und verleiht ihr durch die Anapher „Ich habe gesehen" (Z. 3 ff.) dabei zusätzlich Nachdruck: Bei seiner Erkundung der Straßen von Paris begegnet er einem Menschen, der ohnmächtig wird (vgl. Z. 4), einer entkräfteten Hochschwangeren (vgl. Z. 5 f.) und einem kranken Kind in einem Kinderwagen (vgl. Z. 15 ff.). Zugleich nimmt er Gebäude wahr, die Armut, Krankheit und Tod verkörpern: das Militärhospital, das Nachtasyl sowie das Entbindungsheim (vgl. Z. 7 ff.).

Zu der visuellen Wahrnehmung kommen die olfaktorischen Reize: Der Ich-Erzähler registriert den Geruch von Jod, altem Fett und Angst (vgl. Z. 10 ff.), der die Pariser Luft erfüllt, welche die Menschen einatmen müssen und sie zu vergiften droht, was durch die grünliche Gesichtsfarbe und den Ausschlag des Kindes (vgl. Z. 15 f.) bildhaft veranschaulicht wird.

Im Hinblick auf die Erzählweise ist auffällig, dass der Ich-Erzähler, der sich offenbar als unbeteiligt wähnt, seine Wahrnehmungen sehr distanziert und regelrecht gleichgültig wiedergibt: Er ist erleichtert, dass sich bereits genügend Passanten um den Ohnmächtigen kümmern, sodass er sich „den Rest [ersparen]" (Z. 4 f.) und die Anonymität in einer Großstadt weiter genießen und ausleben kann. Den Notfall der werdenden Mutter kann er ebenfalls ignorieren, denn das Entbindungsheim ist, wie er mit einem Blick auf seinen Stadtplan feststellen kann, gleich in der Nähe (vgl. Z. 7 f.) und auch die Preise im Nachtasyl sind „nicht teuer" (Z. 14), weshalb er auch hier jede Verantwortung für sein soziales Umfeld von sich weist. Seine Distanzierung von dem Elend in der Großstadt gipfelt schließlich in der lapidaren Frage nach weiteren Ereignissen auf den Straßen von Paris („Und sonst?", Z. 15) und seiner teilnahmslosen Feststellung: „Das war nun mal so. Die Hauptsache war, dass man lebte." (Z. 17 f.)

In der zweiten Hälfte der abgedruckten Tagebuchaufzeichnungen wechselt unvermittelt die Erzählperspektive. Auslöser hierfür sind die Ereignisse, die ihn in der Nacht ereilen und ihn zu der Erkenntnis zwingen, dass auch er von den Geschehnissen in der Großstadt betroffen ist, sich ihnen nicht verschließen kann. Wie in einem Albtraum verschieben sich nunmehr die Grenzen: Zwar befindet er sich in seinem Zimmer, an einem sicheren Ort, dennoch „rasen [elektrische Bahnen] läutend durch meine Stube. Automobile gehen über mich hin" (Z. 19 f.).

Der Ich-Erzähler fühlt sich von den ihm fremden Geräuschen der Stadt nicht nur gestört, sondern zunehmend bedroht (vgl. Z. 22 ff.). Diese hindern ihn am Schlafen, bis er „[g]egen Morgen" (Z. 26) mit dem Gebell eines Hundes und dem Krähen eines Hahnes endlich vertraute Geräusche vernimmt und „plötzlich ein[schlafen]" (Z. 27) kann. Sprachlich wird die Vielfalt und Dauer der für ihn beklemmenden Geräusche durch Parataxen, Ellipsen (vgl. Z. 19 ff.), Repetitionen („Kommt, kommt unaufhörlich", Z. 23; „darüber fort, fort über alles", Z. 25) sowie adverbiale Bestimmungen des Ortes („Irgendwo", Z. 20; „von der anderen Seite, innen im Hause", Z. 22 f.) und der Zeit („Dann", Z. 22; „unaufhörlich", Z. 23; „Und wieder", Z. 24; „Gegen Morgen", Z. 26 f.) für den Leser erfahrbar gemacht.

Den Höhepunkt der Bedrohung erlebt Brigge jedoch dann, wenn plötzlich „[Toten-]Stille" eintritt, nach der er sich zunächst eigentlich gesehnt hat. Er muss erkennen, dass dies in einer Großstadt, die nie zu schlafen scheint, immer nur im „Augenblick äußerster Spannung" (Z. 29) zu geschehen scheint, weshalb jeder „mit hochgeschobenen Schultern, die Gesichter über die Augen zusammengezogen, auf den schrecklichen Schlag" (Z. 32 f.) wartet. Mit der genauen Beschreibung der Zerstörungen durch den Großbrand wird das Ausmaß seiner Angst vor dieser existenziellen Bedrohung für den Leser spürbar: „Lautlos schiebt sich ein schwarzes Gesimse vor oben [sic], und eine hohe Mauer, hinter welcher das Feuer auffährt, neigt sich, lautlos." (Z. 30 ff.)

Der Beginn des Tagebuchromans macht deutlich, dass die Großstadterfahrungen des Malte Laurids Brigge insbesondere dazu dienen, die eigene Sichtweise zu erweitern bzw. zu verändern, innerlich zu reifen. Den bereits hier einsetzenden (Lern-)Prozess beschreibt er selbst: „Ich lerne sehen. Ich weiß nicht, woran es liegt, es geht alles tiefer in mich ein und bleibt nicht an der Stelle stehen, wo es sonst immer zu Ende war. Ich habe ein Inneres, von dem ich nicht wusste. Alles geht jetzt dorthin. Ich weiß nicht, was dort geschieht." (Z. 34 ff.)

Während er am Tage bei seinem Spaziergang durch das großstädtische Paris bemüht ist, sich von dem hier erlebten Elend zu distanzieren (vgl. Z. 1–18), muss er in der Nacht erfahren, dass ihn diese Wirklichkeitserfahrungen nicht nur ängstigen und seine Gedanken beherrschen, sondern allmählich verändern werden. Er ahnt, dass er sich erst am Anfang einer langen und mühevollen Entwicklung befindet: „Ich lerne sehen. Ja, ich fange an. Es geht noch schlecht. Aber ich will meine Zeit ausnutzen" (Z. 43 f.).

Der Textauszug hinterlässt beim Leser folglich ein ambivalentes Bild der Großstadt, welches die Frage nach der Stadt als Ort der Entfaltung (Selbstfindung, innerer Reifeprozess usw.) oder der (Selbst-)Entfremdung (Anonymität, Elend, Armut usw.) letztlich offenlässt.

Rilkes Roman stellt jedoch nicht nur ein weiteres literarisches Zeitdokument der Daseinsängste und des Verfalls der modernen Gesellschaft um 1900 dar, vielmehr versucht er, im weiteren Handlungsverlauf einen Ausweg aus diesem Dilemma aufzuzeigen: Dieser besteht darin, dass der Ich-Erzähler lernt, sich mit dem Beobachteten zu identifizieren, um die existenziellen Ängste überwinden zu können. Diese Identifikation reflektiert und kommentiert Brigge zu einem späteren Zeitpunkt seiner Aufzeichnungen wie folgt: „Ich erkenne das alles hier, und darum geht es ohne Weiteres in mich ein: Es ist zu Hause in mir."[1]

Um die Schülerinnen und Schüler an diesen Lerngegenstand heranzuführen, bearbeiten sie die im **Schülerarbeitsheft** (S. 39) angeführten Aufträge:

■ *Untersuchen Sie den Romananfang im Hinblick darauf, wie Malte Laurids Brigge das Leben in der Großstadt wahrnimmt. Stellen Sie die unterschiedlichen Wahrnehmungsbereiche übersichtlich in Form eines Schaubildes (z. B. als Mindmap) dar.*

■ *Erklären Sie die Bedeutung der Äußerung des Ich-Erzählers „Ich lerne sehen". (Z. 34 und Z. 43)*

■ *Stellen Sie einen Bezug zwischen dem „neuen Sehen" des Protagonisten und der allgemeinen Aufbruchsstimmung der Menschen um 1900 her.*

Die Ergebnisse dieser Partnerarbeit können in sprachlich reduzierter Form zu folgendem Tafelbild zusammengefasst werden:

Rainer Maria Rilke:
Die Aufzeichnungen des Malte Laurids Brigge (1910)

- Ich-Erzähler nennt das Thema: Menschen kommen in die Großstadt in der Hoffnung auf bessere Lebensbedingungen und scheitern (vgl. Z. 2 ff.)
- unbeteiligte, distanzierte Beschreibung der Erlebnisse auf den Straßen am Tage
  – Mann fällt in Ohnmacht (vgl. Z. 4)
  – hochschwangere Frau ist völlig entkräftet (vgl. Z. 5 f.)
  – krankes Kind im Kinderwagen (vgl. Z. 15 f.)
- nutzt die Anonymität der Stadt, um nicht helfen zu müssen (vgl. Z. 4 ff.)
- spürt eigene Betroffenheit und Bedrohung durch die Geräusche der Stadt in der Nacht
  – fremde Geräusche rauben seinen Schlaf (vgl. Z. 19 ff.)
  – glaubt, in seinem Bett von Automobilen überfahren zu werden (vgl. Z. 20)
  – erlebt plötzliche Stille als existenzielle Bedrohung (vgl. Z. 28 ff.)

↓

Reifeprozess des Helden durch Großstadterfahrungen:
„Ich lerne sehen" (Z. 34 und Z. 43)
➡ **Ambivalentes Bild der Stadt als Ort der Entfaltung und der (Selbst-)Entfremdung**

Im anschließenden Unterrichtsgespräch sollen die Kursteilnehmer die grundsätzliche Frage „Die Stadt – Ort der Entfaltung oder der (Selbst-)Entfremdung?" diskutieren:

■ *Wie beurteilt der Ich-Erzähler das Leben in der Großstadt um die Jahrhundertwende: die Stadt als Ort der Entfaltung oder der (Selbst-)Entfremdung? Wie würden Sie diese Frage aus heutiger Sicht beantworten?*

---

[1] Rilke, Rainer Maria: Die Aufzeichnungen des Malte Laurids Brigge. Text und Kommentar. Suhrkamp BasisBibliothek 17. 3. Auflage. Suhrkamp Verlag. Frankfurt am Main 2013, S. 43

2.2 Die Stadt als Moloch und Spiegel sozialer Gegensätze

Von 1925 bis 1926 drehte der expressionistische Regisseur Fritz Lang den monumentalen Stummfilm „Metropolis", der das Leben in einer futuristischen Großstadt mit ausgeprägter Zweiklassengesellschaft zeigt. Dieser Science-Fiction-Film (Premiere: 1927) ist der erste seines Genres in Spielfilmlänge und gilt aufgrund seiner für die damaligen Verhältnisse sehr aufwendigen Produktion als eines der bedeutendsten Werke der Filmgeschichte.

Bereits in den ersten 20 Minuten werden die sozialen Gegensätze zwischen den gut situierten Bewohnern der Oberwelt einerseits und den ausgebeuteten Arbeitern der Unterwelt andererseits verdeutlicht: Während die uniform im schwarzen Overall gekleideten Arbeiter tief unter der Stadt unter widrigsten Arbeitsbedingungen bis zur völligen Erschöpfung an einer Maschine gigantischen Ausmaßes arbeiten, verbringt der Protagonist Freder Fredersen einen weiteren unbeschwerten Tag im sogenannten „Klub der Söhne".

Hier genießt die Jugend der Elite in ihren Türmen, Stadien sowie im „Wunder der ewigen Gärten" paradiesische Verhältnisse und lebt für Sportveranstaltungen und rauschhaftes Vergnügen. Fredersen, Sohn des Großindustriellen Joh Fredersen, der vom „neuen Turm Babel" aus die Stadt Metropolis überwacht und über diese herrscht, hat in seinem bisherigen Leben offenbar noch niemals die Unterwelt betreten, denn nachdem er sich in den Maschinensaal der Unterstadt verirrt hat, ist er angesichts der ihm gänzlich fremden Welt überrascht und beobachtet die Arbeiter, welche im Gleichtakt verschiedene Hebel roboterartig bedienen.

Fredersen wird Zeuge eines Arbeitsunfalls, der dadurch ausgelöst wird, dass ein Arbeiter körperlich erschöpft zusammenbricht, wodurch die technische Anlage überhitzt und schließlich explodiert. Er ist schockiert und entsetzt, was filmsprachlich durch eine Vision versinnbildlicht wird: In seiner Vorstellung verwandelt sich die Maschine in einen Moloch[1], welcher die Arbeiter, nun in Gestalt gefesselter Sklaven, mit seinem riesigen Maul verschlingt.

Noch während die zahlreichen Toten und Verletzten auf Tragen fortgeschafft werden, ist die nächste Kolonne Arbeiter bereits da, um die kurzzeitig unbesetzten Arbeitsplätze einzunehmen.

Um diesen Untersuchungsgegenstand „Die Stadt als Moloch und Spiegel sozialer Gegensätze" zu erarbeiten, erhalten die Schülerinnen und Schüler zunächst mehrere Standbilder aus Fritz Langs Stummfilm „Metropolis", anhand derer eine Inhaltsangabe zu verfassen ist (vgl. **Schülerarbeitsheft**, S. 40 ff.). Zur Überprüfung der eigenen Vermutungen sollen sie sich dann den Film(-anfang) ansehen,[2] um das Werk mit dem Beginn von Alfred Döblins Roman „Berlin Alexanderplatz" vergleichen zu können.

- *Notieren Sie auf der Grundlage des Bildmaterials stichwortartig Themen, die in diesem Stummfilm möglicherweise behandelt werden.*
- *Ordnen Sie die Bilder der in der Information beschriebenen Handlung zu.*
- *Schauen Sie sich die letzten acht Bilder noch einmal genauer an. Diskutieren Sie mit Ihrem Sitznachbarn oder Ihrer Sitznachbarin die mögliche Ursache für den Unfall und stellen Sie Vermutungen an, wie Freder Fredersen das Leben der Arbeiter in der Unterstadt wahrnimmt und bewertet.*
- *Sehen Sie sich die ersten 25 Minuten des Films an, achten Sie dabei insbesondere auf folgende Aspekte:*
  - *Wie wird die Stadt mit ihren beiden Welten (Ober-/Unterstadt) dargestellt?*
  - *Wie wirken die jeweiligen Lebensbereiche auf den Zuschauer bzw. auf den Helden?*

---

[1] **Moloch** = in der Religion die Bezeichnung für Opferriten, welche nach biblischer Überlieferung die Opferung von Kindern durch Feuer vorsahen; im zivilisationskritischen Sinne die gnadenlose, alles verschlingende Macht einer Metropole

[2] Der Film ist auch im Internet abrufbar.

■ *Lesen Sie den Auszug aus Alfred Döblins Roman „Berlin Alexanderplatz" erneut und erörtern Sie, ob und inwiefern diese Thematik auch hier anklingt.*

Die Ergebnisse dieser Partnerarbeit können zu folgendem Tafelbild zusammengefasst werden:

Fritz Lang: Metropolis (1927)

- Kontrastierung Ober- vs. Unterwelt
  - vornehm gekleidete Bewohner der Oberwelt; Sport, Müßiggang der Jugend
  - schwarzer, uniformer Overall der Arbeiter
- Ausbeutung der Arbeiter durch die Bewohner der Oberwelt
  - gebeugte Körperhaltung, starrer Gesichtsausdruck der Arbeiterkolonne
  - monotone Arbeit an der Maschine im Gleichtakt
  - körperliche Arbeit bis zur Erschöpfung
  - Abtransport der Toten und Verletzten, während bereits die nächste Schicht anrückt
- Maschine = Symbol der Urbanisierung und Industrialisierung

↓

Zweiklassengesellschaft und Inhumanität
➡ **Großstadt als Moloch (vgl. „Berlin Alexanderplatz")**

An dieser Stelle erscheint es sinnvoll, den Realitätsgehalt der literarischen Texte mithilfe von Hintergrundinformationen (vgl. **Schülerarbeitsheft**, S. 43f.) einer Prüfung zu unterziehen, indem das Leben in einer Großstadt um 1900 unter Berücksichtigung der Gegensätze zwischen Arbeitern und Industriellen näher beleuchtet wird. Zur Einführung in die Zeit der Jahrhundertwende bietet es sich an, mit den Schülerinnen und Schülern zunächst eine Fantasiereise (vgl. **Zusatzmaterial** 3, S. 119f. im Unterrichtsmodell) durchzuführen, die allerdings fakultativ ist. Die in jedem Fall zu bearbeitenden Aufgaben (vgl. **Schülerarbeitsheft**, S. 44) sind dabei für die Vergabe eines Kurzreferates an einen der Kursteilnehmer geeignet:

■ *Informieren Sie sich auf der Grundlage der vorliegenden Texte (S. 43f.) über das Leben in einer Großstadt um 1900 im Hinblick auf*
  - *die Einwohnerzahl und Bevölkerungsdichte,*
  - *die Art der Bebauung,*
  - *die Wohn- und Arbeitsverhältnisse sowie*
  - *die sozialen Probleme.*
  Berücksichtigen Sie dabei auch die Unterschiede zwischen Arbeitern und Industriellen.
■ *Bereiten Sie die Informationen z. B. mithilfe einer Mindmap für einen Kurzvortrag auf.*

Im Sinne einer Überleitung zum nächsten Baustein sollen die Schülerinnen und Schüler die aufbereiteten Hintergrundinformationen auf Alfred Wolfensteins expressionistisches Gedicht „Städter" (1913) (vgl. **Schülerarbeitsheft**, S. 45) anwenden:

■ *Erläutern Sie, wie in Wolfensteins Gedicht das Leben der „Städter" beschrieben wird. Markieren Sie hierzu im Text Adjektive, welche die Stimmung treffend wiedergeben.*

- *Vergleichen Sie den Text mit Jakob Steinhardts Bild „Die Stadt".*
- *Beschreiben Sie die äußere (lyrische) Form des Gedichts und stellen Sie Vermutungen an, weshalb Wolfenstein für seine Darstellung ausgerechnet die strenge Form eines Sonetts wählt (vgl. auch S. 51).*
- *Stellen Sie einen Zusammenhang zwischen dem Gedicht und den vorherigen Sachtexten (S. 43 f.) her.*

Alfred Wolfensteins expressionistisches Gedicht „Städter" (1913) behandelt die Ambivalenz des Lebens in einer Großstadt, welches einerseits von Anonymität und Einsamkeit und andererseits von fehlender Privatsphäre geprägt ist. Es folgt dem strengen Aufbau eines Sonetts, was wiederum einen scharfen Kontrast zum dargestellten Chaos bildet und das damit verbundene Bedürfnis nach Ruhe und Ordnung symbolisiert.

Im dem ersten Quartett beschreibt das lyrische Ich emphatisch, wie dicht die Bebauung in der Großstadt ist (vgl. V. 1 ff.), und erzeugt durch die Personifikation der Häuser ein Gefühl von beklemmender Enge: „drängend fassen/Häuser sich so dicht an, dass die Straßen/Grau geschwollen wie Gewürgte stehn" (V. 2 ff.).

Durch das Enjambement wird gleich zu Beginn des Sonetts Tempo in Bezug auf den Lesefluss aufgenommen, was das Gefühl aufkommender Panik, Hektik und Flucht der hier lebenden Städter versinnbildlichen soll und sich leitmotivisch in den nächsten Strophen fortsetzt. Dies wird durch die Alliteration „Grau geschwollen wie Gewürgte" (V. 4) noch zusätzlich verstärkt.

In der zweiten Strophe schildert das lyrische Ich die Fahrt „in den Trams" (V. 6) dieser Großstadt. Auch hier herrscht Platznot (vgl. V. 5). Auffällig ist in diesem Zusammenhang jedoch auch die Darstellung der Städter, die lediglich als Kollektiv genannt und somit vollständig entpersonalisiert werden, indem sich „die zwei Fassaden/Leute" (V. 6 f.) auf kleinstem Raum gegenübersitzen, wobei „ihre nahen Blicke [...]/Ineinander" (V. 7 f.) baden. Desinteresse, Oberflächlichkeit und Gefühlskälte der Großstadtbewohner, die sich gegenseitig misstrauisch beobachten (vgl. V. 8), gleichzeitig aber auch orientierungslos sind und nach menschlicher Nähe und Kommunikation suchen, werden hier für den Leser erfahrbar.

Die für Sonette übliche Zäsur nach den beiden Quartetten ist in Wolfensteins lyrischem Werk nicht sonderlich stark ausgeprägt, wenngleich festzustellen ist, dass das lyrische Ich in dem ersten Terzett seine Großstadterfahrungen reflektiert, indem es die Wirkung der Stadt auf die hier lebenden Menschen entfaltet: Die „Wände sind so dünn wie Haut" (V. 9) und die Bebauung ist insgesamt so eng, dass es keine wirkliche Intimsphäre gibt und „jeder [unfreiwillig] teilnimmt, wenn ich weine" (V. 10).

In der letzten Strophe bezeichnet das lyrische Ich die Unterkünfte als „dick verschlossn[e] Höhle" (V. 12), in der die Stadtmenschen stumm hausen (vgl. V. 12 ff.). Dieser scheinbare Widerspruch zum vorherigen Terzett löst sich jedoch leicht auf, wenn die Beziehung der Städter differenziert betrachtet wird: Zum einen ist diese von räumlicher Enge geprägt, die dem Individuum jegliche Rückzugsmöglichkeiten nimmt (vgl. V. 10), zum anderen führt die Anonymität in einer Großstadt zu gegenseitigem Desinteresse, gestörter Kommunikation und menschlicher Kälte.

Diese beiden Komponenten, welche das Leben in einer Großstadt ausmachen, stehen somit in einem antithetischen Verhältnis zueinander. Weitere Antithesen begegnen dem Leser bei näherer Betrachtung ebenfalls in den Versen 13 f., welche als „Gegenspieler" der Verse 10 f. fungieren, denn obwohl das lyrische Ich zunächst konstatiert, dass für die Städter keine privaten Bereiche existieren, steht jeder letztlich „unangerührt und ungeschaut" (V. 13) und „alleine" (V. 14) da.

Alfred Wolfenstein zeichnet insgesamt ein düsteres Bild des Großstadtlebens zu Beginn des 20. Jahrhunderts, welches die negativen Begleiterscheinungen der Industrialisierung und Urbanisierung dieser Zeit spiegelt: Neue Erfindungen wie Eisen-, Straßenbahnen usw. wirken auf viele Menschen, welche die allgemeine Technikbegeisterung nicht teilen, befremdlich, die Städte sind der großen Zuwanderungswelle nur bedingt gewachsen, weshalb sich Gettos, Notunterkünfte und Wohnblöcke für sozial Schwache bilden. Mit seinem Sonett übt der Expressionist Kritik am Großstadtleben, indem er auf die gesellschaftlichen Missstände hinweist: der Untergang des Individuums in der „Masse" und der damit einhergehende Ich-Verlust.[1]

Die Ergebnisse dieser Textanalyse können zu folgendem Tafelbild zusammengefasst werden:

Alfred Wolfenstein: Städter (1913)

Inhalt

- räumliche Enge (vgl. V. 1 ff.), die keine Privatsphäre erlaubt (vgl. V. 10)
- Anonymität, Einsamkeit sowie Fehlen menschlicher Nähe und Kommunikation (vgl. V. 8 und V. 14)
- ➡ beklemmende, düstere Darstellung des Großstadtlebens um 1900

Lyrische Form

- 2 Quartette, 2 Terzette (Sonett)
- umarmender Reim in den Quartetten, unregelmäßiges Reimschema in den Terzetten
- überwiegend fünfhebiger Trochäus, Unregelmäßigkeit im vorletzten Vers
- ➡ Bedürfnis, dem Chaos der Zeit durch die Form etwas Geordnetes entgegenzusetzen

Sprache

- Personifikation der bedrohlich dichten Bebauung (vgl. V. 2 ff.)
- Enjambements erhöhen das Lesetempo und spiegeln das Gefühl aufkommender Hektik und Panik der Städter wider (vgl. Strophen 1 und 2)
- der in der Großstadt lebende Mensch wird entpersonalisiert („die zwei Fassaden/ Leute", V. 6 f.)
- Metaphern veranschaulichen die Wirkung der Großstadt auf den Einzelnen („Wände […] so dünn wie Haut", V. 9; „dick verschlossn[e] Höhle", V. 12)

↓

Aufzeigen negativer Begleiterscheinungen der Industrialisierung und Urbanisierung sowie Warnung vor dem Untergang des Individuums in der Masse (➡ Ich-Verlust)

---

[1] Jakob Steinhardt visualisiert in seinem Ölbild „Die Stadt", welches ebenfalls 1913 entstanden ist, exakt das, was Alfred Wolfenstein in seinem Gedicht beschreibt.

Baustein 3

Vielfalt lyrischen Sprechens: Was ist der Mensch? – Lebensfragen und Sinnentwürfe

Der Schwerpunkt dieses Bausteins liegt inhaltlich auf dem Wandel lyrischer Ausdrucksformen. Unter dem Thema „Was ist der Mensch? – Lebensfragen und Sinnentwürfe" sollen Gedichte aus verschiedenen Jahrhunderten vergleichend behandelt werden. Diese sollen „inhaltlich sowie formal unterschiedliche Antworten auf die Frage nach den Bedingungen menschlicher Existenz und dem Sinn des Lebens geben."[1] Auf diese Weise gewinnen die Schülerinnen und Schüler Einblicke in das jeweilige Menschenbild verschiedener Epochen. Ein weiterer zentraler Aspekt dieser Unterrichtssequenz ist folglich, die Gedichte nicht nur inhaltlich, sondern auch „im Hinblick auf die epochen- bzw. zeittypische oder formtypische Ausprägung eines Themas oder Motivs"[2] miteinander zu vergleichen.

3.1 Was ist der Mensch? – Eine Begriffsbestimmung

„Was ist der Mensch?" Diese scheinbar simple Frage beschäftigt Philosophen und sonstige Gelehrte bereits seit der Antike: Für Platon ist der Mensch lediglich ein zweibeiniges Tier ohne Federn, Aristoteles hält ihn darüber hinaus für sprach- und vernunftbegabt. Für Gottfried Wilhelm Leibniz ist der Mensch ein kleiner Gott, für Augustinus sogar das Ebenbild Gottes.[3]

Je nachdem, welcher Zeitgeist gerade vorherrschend ist und/oder ob sich die Gesellschaft in einem Umbruch befindet, fällt die Einschätzung unserer Spezies unterschiedlich kritisch aus. Während der Aufklärer Immanuel Kant davon überzeugt ist, dass der Mensch von allen Schöpfungen dasjenige Wesen sei, welches sich selbst vervollkommnen könne, hält Arthur Schopenhauer den Menschen für ein wildes, entsetzliches Tier und glaubt, dass diesem „das Prügeln so natürlich wie den reißenden Tieren das Beißen und dem Hornvieh das Stoßen"[4] sei.

Dieses pessimistische Menschenbild hält auch noch bis 1900 vor: Friedrich Nietzsche sieht in dem Menschen das kranke Tier bzw. Untier, Sigmund Freud den Triebverdränger. Der deutsche Schriftsteller Paul Ernst wiederum glaubt, in dem Menschen das Tier, das sich selbst belügt, wiederzuerkennen. Für Helmuth Plessner hingegen ist er einfach nur das exzentrische Tier, das lachen und weinen kann, Arnold Gehlen rückt mit seiner Definition vom Organmängel-kompensierenden Tier wieder einen anderen Teilaspekt des menschlichen Wesens in den Vordergrund.[5]

Auch heute noch wird der Versuch unternommen, den Menschen durch ein einziges Merkmal zu bestimmen, welches ihn in einer Reihe sonst unter die gleiche Gattung fallender Lebewesen auszeichnen soll. Ein Blick in den Duden liefert dem Leser gleich mehrere „Er-

---

[1] Niedersächsisches Kultusministerium: a.a.O., S. 32
[2] Ebd.
[3] Vgl. Geldsetzer, Lutz: Philosophische Anthropologie. Düsseldorf 2000. Zitiert nach URL: www.phil-fak.uni-duesseldorf.de/philo/geldsetzer/anthro/index.htm (Abrufdatum: 18.10.2014), § 16
[4] Ebd.
[5] Ebd.

gebnisse": Demzufolge sei der Mensch ein „mit der Fähigkeit zu logischem Denken und zur Sprache, zur sittlichen Entscheidung und Erkenntnis von Gut und Böse ausgestattetes höchst entwickeltes Lebewesen", kurz: ein „Individuum" bzw. eine „Persönlichkeit"[1].

Solche Definitionen sind ingeniös, apart oder aber wirken komisch, allerdings sagen sie mehr über ihren Sprecher selbst bzw. die Entstehungszeit als über den Menschen im Allgemeinen aus. Diese Erkenntnis, dass der Mensch viel zu komplex ist, um ihn mit wenigen Worten fassen oder sogar ein vollständiges Bild von ihm entwerfen zu können, gilt es, den Schülerinnen und Schülern zu vermitteln.

In einem ersten Schritt sollen die Kursteilnehmer in Form einer Kartenabfrage darüber nachdenken, welche Eigenschaften, Verhaltensweisen usw. den Menschen auszeichnen. Hierfür sollen sie die aufgeworfene Frage „Was ist der Mensch?" zunächst für sich selbst beantworten.

Die Schülerinnen und Schüler notieren ihre Gedanken auf Metaplankarten, die im anschließenden Unterrichtsgespräch diskutiert und gegebenenfalls ergänzt werden.

■ *Beantworten Sie die aufgeworfene Frage „Was ist der Mensch?" für sich selbst. Notieren Sie Ihre Auffassung zum Wesen des Menschen stichwortartig.*

Die Ergebnisse dieser Kartenabfrage werden auf einem Wandplakat gesammelt, welches während der Unterrichtseinheit im Klassenraum hängen bleibt:

Was ist der Mensch? – Eine Begriffsbestimmung

Der Mensch …
- vergisst bzw. verdrängt.
- schönt bzw. schwärmt.
- lacht.
- lehnt sich an bzw. vertraut.
- irrt.
- liebt.
- fühlt mit.
- vergibt.
- hofft bzw. glaubt.
- kämpft.
- erzählt.
- lebt.
- erinnert sich.

Gefühle, Verhaltensweisen und Fähigkeiten des Menschen
➔ **kein** in sich abgeschlossenes Menschenbild

Einige Schülerinnen und Schüler werden sich bei der Bearbeitung dieser Aufgabenstellung an Herbert Grönemeyers Hit „Mensch" (2002) erinnern. Zur Vertiefung sollte die Lehrkraft den Lernenden daher den Song vorspielen. Mithilfe des Songtextes und der Aufgabenstellungen (vgl. **Schülerarbeitsheft**, S. 46 ff.) kann das Wandplakat (vgl. Fazit) im Unterrichtsgespräch vervollständigt werden:

■ *Vergleichen Sie Ihre Ergebnisse zu der Frage „Was ist der Mensch?" mit Herbert Grönemeyers Entwurf in seinem Hit „Mensch".*

---

[1] Dudenverlag: DUDEN Wörterbuch: Mensch, der. Berlin o. J. Zitiert nach URL: www.duden.de/rechtschreibung/Mensch_Lebewesen_Individuum (Abrufdatum: 18.10.2014)

- *Das gleichnamige Album ist vier Jahre nach dem Tod von Grönemeyers Frau erschienen und gilt in der Fachwelt als musikalische Trauerarbeit des Künstlers. Erläutern Sie, an welchen sprachlichen Besonderheiten des Songs dies deutlich wird.*

Die Ergebnisse zur Analyse des Songs können bei Bedarf auf einem gesonderten Wandplakat festgehalten werden:

Herbert Grönemeyer: Mensch (2002)

Thema/Inhalt
Mensch im Spannungsfeld zwischen existenzieller Krise und Lebensbejahung

Sprache
- Trauer um Verlust des Lebensgefährten: Du-Anrede, Repetitio „Du fehlst"
- Mut zum Leben: „es ist ok" (z. B. V. 9), Symbol „sonnenzeit/ungetrübt und leicht" (V. 31 f.)

Zur Vertiefung dieses Lerngegenstandes lesen die Kursteilnehmer die im **Schülerarbeitsheft** (S. 48 f.) abgedruckte Auswahl wesentlicher anthropologischer Begriffsbestimmungen des Menschen und bearbeiten folgende Aufgabenstellungen in Partnerarbeit:

- *Ergänzen Sie die Tabelle gegebenenfalls um Begriffe, die Sie vermissen.*
- *Suchen Sie mit Ihrer Sitznachbarin oder Ihrem Sitznachbarn drei Begriffsbestimmungen heraus, die Ihnen am wichtigsten erscheinen, und begründen Sie Ihre Auswahl.*
- *Überprüfen Sie, welche Aspekte sich in Grönemeyers Song „Mensch" (S. 46 f.) wiederfinden lassen.*

Zum Abschluss dieses Einstiegs in das Thema sollte die Frage erörtert werden, ob ein in sich abgeschlossenes, vollständiges Bild des Menschen überhaupt möglich ist. Mithilfe der folgenden Leitfragen kann die Diskussion initiiert werden:

- *Wie ist die aufgeworfene Frage „Was ist der Mensch?" zu beantworten? Warum ist eine abschließende Begriffsbestimmung des Menschen nicht bzw. kaum möglich?*

3.2 Wandel des Menschenbildes

Dieser Abschnitt knüpft an die vorangegangene Erkenntnis an, dass die Beantwortung der Frage „Was ist der Mensch?" immer auch im jeweiligen historischen Kontext gesehen werden muss. Aus diesem Grund sollen die Schülerinnen und Schüler exemplarisch drei Menschenbilder aus unterschiedlichen Epochen anhand von Gedichten erarbeiten. Dabei setzen sie sich vergleichend mit den Sichtweisen zur Existenz des Menschen und zum Sinn des Lebens auseinander und bewerten diese.

Die Bearbeitung der Gedichte einschließlich der vergleichenden Analyse (vgl. Abschnitt 3.2.4) kann in Form eines Gruppenpuzzles (vgl. **Arbeitsblätter 1–3**, S. 69 ff. in diesem Unterrichtsmodell) organisiert werden. Alternativ können die einzelnen Gedichte auch in arbeitsgleicher oder arbeitsteiliger Partner- bzw. Gruppenarbeit erarbeitet werden, der Vergleich erfolgt in diesem Fall im anschließenden Unterrichtsgespräch.

3.2.1 Das Menschenbild im Barock

Andreas Gryphius verfasste das Sonett „Menschliches Elende" (vgl. **Schülerarbeitsheft**, S. 50) im Jahr 1637, beeinflusst von den Schrecken des Dreißigjährigen Krieges (1618–1648). Mit der rhetorischen Frage „Was sind wir Menschen doch?" (V. 1) wendet sich das lyrische Ich zu Beginn des Sonetts direkt an den Leser und gibt im Folgenden gleich selbst die Antwort, indem es das Leben des Menschen im Diesseits beschreibt: Es ist geprägt durch „Schmerzen" (V. 1), „Angst" (V. 3), Leid (vgl. Titel und V. 3), Unbeständigkeit (vgl. V. 2 und V. 10) und Vergänglichkeit (vgl. V. 4 ff. und V. 9 ff.).

Tod und Vergänglichkeit, die durch diverse Metaphern – „verschmelzter Schnee und abgebrannte Kerzen" (V. 4), fließender Strom (vgl. V. 10), vom Wind verwehter Rauch (vgl. V. 14) – sehr bildhaft dargestellt werden, sind in dem Sonett allgegenwärtig. Das Memento-mori-Motiv[1] spiegelt dabei die Gefühlswelt der Menschen im Barock wider – einer Epoche, die aufgrund des andauernden Krieges von Hungersnöten, Epidemien (Typhus, Pest, Ruhr usw.) und Inhumanität gekennzeichnet ist. Durch die desolaten Umstände emotional erniedrigt und physisch erschöpft, ergibt sich eine ganze Gesellschaft ohnmächtig ihrem Schicksal, das unausweichlich erscheint (vgl. Titel). Der Einzelne wird sinnbildlich zum „Ball des falschen Glücks" und „Irrlicht dieser [lebensfeindlichen] Zeit" (V. 2).

In den Vorstellungen zur Zeit des Barock ist jedoch nicht nur der Mensch selbst vergänglich, sondern auch die Erinnerung an die Verstorbenen (vgl. V. 6 ff.) und alles Sonstige, was den Tod vermeintlich überdauert: „Nam, Lob, Ehr und Ruhm verschwinden" (V. 11), wie überhaupt alles, „[w]as nach uns kommt" (V. 13). Das irdische Leben des Menschen „fleucht darvon wie ein Geschwätz und Scherzen" (V. 5) und ist somit nichtig (vgl. Vanitas-Motiv[2]). Das Sonett vermittelt dem Leser insgesamt ein christlich geprägtes Menschenbild, in welchem der Mensch den Mittelpunkt der Schöpfung Gottes bildet. Tod und Vergänglichkeit sind somit als Folge der begangenen Erbsünde (Essen vom Baum der Erkenntnis und anschließende Vertreibung aus dem Paradies) zu interpretieren, wofür der Mensch Zeit seines irdischen Daseins zu büßen hat. Das „[m]enschliche Elende" dient folglich als moralische Bewährungsprobe, damit die menschliche Seele im Jenseits schließlich ewiges Leben erlangt.

Hieraus ergibt sich der im Text implizit enthaltene Appell an den Leser, Gott um Unterstützung zu bitten, den rechten Lebensweg zu finden.

Die im **Schülerarbeitsheft** (S. 50 f.) formulierten Aufgabenstellungen sollen die Lernenden an das Sonett heranführen:

- *Listen Sie stichwortartig auf, welches Menschenbild in Andreas Gryphius' Sonett „Menschliches Elende" zum Ausdruck kommt.*
- *Erläutern Sie, mit welchen sprachlichen Mitteln dieses Menschenbild entfaltet wird.*
- *Weisen Sie das Vanitas-Motiv in dem Gemälde von Pieter Claesz nach und stellen Sie anschließend Bezüge zum Text her.*
- *Leiten Sie aus Ihren bisherigen Ergebnissen den im Sonett „Menschliches Elende" implizit enthaltenen Appell an den Leser ab.*
- *Beschreiben Sie die äußere (lyrische) Form des Gedichts und stellen Sie Vermutungen darüber an, weshalb gerade zur Zeit des Barock eine so formvollendete Darstellung wie die des Sonetts die lyrische Dichtung dominiert. Vergleichen Sie hierzu auch die Bedeutung des Sonetts im Expressionismus (s. S. 45).*

---

[1] **Memento mori** (lat.) = Bedenke, dass du sterblich bist; hier: Allgegenwärtigkeit des Todes
[2] **Vanitas** (lat.) = Nichtigkeit, Schein; hier: Vergänglichkeit alles Irdischen

Die Ergebnisse der Textanalyse können sprachlich reduziert zu folgendem Tafelbild zusammengefasst werden:

Andreas Gryphius: Menschliches Elende (1637)

- Das Leben des Menschen ist geprägt durch …
  - „Schmerzen" (V. 1)
  - „Angst" (V. 3)
  - Leid (vgl. Titel und V. 3)
  - Unbeständigkeit (vgl. V. 2 und V. 10)
  - Vergänglichkeit (vgl. V. 4 ff. und V. 9 ff.)
- Mensch ist seinem irdischen Schicksal ausgeliefert: „Ball des falschen Glücks", „Irrlicht dieser Zeit" (V. 2)
- **Momento mori:** Tod und Vergänglichkeit sind allgegenwärtig
  - „verschmelzter Schnee und abgebrannte Kerzen" (V. 4)
  - fließender Strom (vgl. V. 10)
  - vom Wind verwehter Rauch (vgl. V. 14)
  - geschlossene lyrische Form als Kontrapunkt zum Chaos der Zeit
- **Vanitas:** alles Irdische ist vergänglich und somit nichtig
  - „Nam, Lob, Ehr und Ruhm verschwinden" (V. 11)
  - alles, „[w]as nach uns kommt" (V. 13)
- „Menschliches Elende" (vgl. Titel) im Diesseits als moralische Bewährungsprobe

Botschaft an den Leser
Appell, auf Gottes Hilfe zu vertrauen, um den rechten Lebensweg zu finden

---

3.2.2 Das Menschenbild der Weimarer Klassik

In Johann Wolfgang von Goethes Hymne „Das Göttliche" (vgl. **Schülerarbeitsheft**, S. 52), die im Jahre 1783 verfasst wurde und somit der Weimarer Klassik zuzuordnen ist, stellt das lyrische Ich dem Menschen zum einen die Natur und zum anderen die Götter gegenüber. Die Natur mit ihrer Tier- und Pflanzenwelt wird als etwas Statisches beschrieben: Sie folgt seit jeher den „ewigen, ehernen/Großen Gesetzen" (V. 32 f.), ist dabei zudem „unfühlend" (V. 13) und somit nicht in der Lage, zwischen Gut und Böse zu unterscheiden (vgl. V. 15 ff.), weshalb sie letztlich willkürlich handelt.

Im Gegensatz zur Natur ist der Mensch fähig, sich zu entwickeln, was „ihn/Von allen Wesen,/Die wir kennen" (V. 4 ff.) abhebt und weshalb er als Teil der Natur eine Sonderstellung einnimmt. Als Vernunftwesen vermag nur er allein „das Unmögliche" (V. 38), nämlich sein Handeln aus freiem Willen zu gestalten, Triebe zu unterdrücken und sein Leben nach ethischen Aspekten auszurichten, indem er „unterscheidet,/Wählet und richtet; [...] Heile[t] und rette[t]" (V. 39 ff.) und das „Rechte" (V. 58) schafft.

Wie zuvor schon die Aufklärer sind auch die Vertreter der Klassik von der Erziehbarkeit des Menschen zum sittlich höheren Wesen überzeugt, welches das angestrebte Humanitätsideal lebt, welches sich literarisch im Schönen, Guten und Wahren manifestiert.

Dem Menschenbild der Weimarer Klassik zufolge hat Gott den Menschen Gefühle und Vernunft aus dem Grund gegeben, damit diese ihrem Leben einen Sinn geben können. Zwar ist der Mensch hierdurch der Natur überstellt, gleichzeitig ist er jedoch von höheren Mächten (vgl. V. 7 ff. und V. 60) abhängig.

Die Hymne schließt folglich auch mit dem Appell des lyrischen Ichs an den Leser, sich an diesem göttlichen „Vorbild" (V. 59) zu orientieren, also von den „unbekannten/Höhern Wesen" (V. 7 f.) zu lernen, um nach eigener Vervollkommnung zu streben und sich somit selbst dem Göttlichen anzunähern: Im wechselseitigen Spiel von praktisch gelebter Humanität und den Vorstellungen vom höheren Wesen kann der Mensch diesen absoluten Zustand vollendeter Güte („Edel sei der Mensch,/Hilfreich und gut!", V. 1 f.), den die Götter längst erreicht haben und den Sterblichen vorleben, schließlich auch erlangen („Ihnen gleiche der Mensch!", V. 10).

In der weltlichen Hierarchie der Weimarer Klassik ist der Mensch somit zwischen der Natur und den Göttern angesiedelt.

Die im **Schülerarbeitsheft** (S. 52) formulierten Aufgabenstellungen sollen die Lernenden an die Hymne heranführen:

- *Lesen Sie Johann Wolfgang von Goethes Hymne „Das Göttliche" und markieren Sie Aussagen über den Menschen, die Natur sowie die Götter mit unterschiedlichen Farben.*
- *Entwerfen Sie ein Schaubild, welches das Verhältnis des Menschen zur Natur und den Göttern sowie die bestehende Hierarchie verdeutlicht.*
- *Interpretieren Sie das Gedicht im Hinblick auf das Menschenbild der Weimarer Klassik. Ziehen Sie hierzu die Informationen zu dieser Epoche zurate. Erläutern Sie dabei auch den kausalen Zusammenhang von Form (Reimschema, Versmaß usw.) und Inhalt.*

Die Ergebnisse der Textanalyse können in folgendes Tafelbild münden:

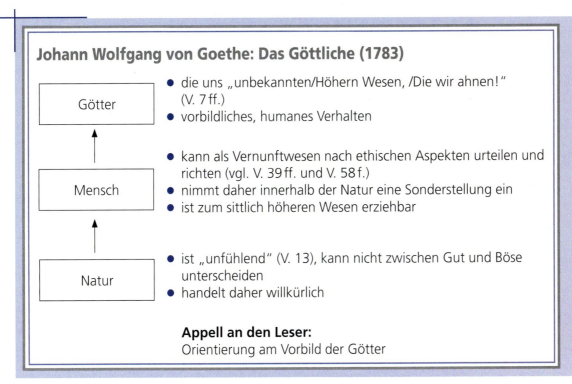

3.2.3 Das Menschenbild im Expressionismus

Die Gedichte der frühexpressionistischen Bände „Morgue und andere Gedichte" (1912) sowie „Fleisch" (1917) des damals 25-jährigen Gottfried Benn lösten bei seinen Zeitgenossen einen Skandal aus, und auch heute noch irritieren seine Gedichte. Sie vermitteln dem

Leser eine apokalyptische Welt, die aus Krieg, Krankheit und Verfall besteht, denen der Einzelne schutzlos ausgeliefert ist, und in der lediglich die Poesie letzten Widerstand leistet. Der Mensch wird dabei reduziert auf ein Stück Fleisch, welches ersetzbar ist und „dereinst in Röcheln und Qual [stirbt]"[1], wie es in Benns Gedicht „Saal der kreißenden Frauen" heißt. Kalt ist nicht nur die pathologische Abteilung des Klinikums Moabit, in welchem Benn mehrere Jahre als Arzt arbeitet, sondern aus Sicht seiner Kritiker insbesondere auch sein Blick auf das menschliche Elend, das sich ihm bietet.

Im Expressionismus, einer zentralen literarischen Strömung des frühen 20. Jahrhunderts, steht jedoch, anders als etwa im Naturalismus, nicht die Abbildung der Wirklichkeit im Vordergrund, sondern vielmehr deren Übersteigerung und, wie in Benns lyrischem Frühwerk, Dämonisierung zum Hässlichen. Für den Dichter ist die Darstellung des Hässlichen eine Waffe gegen die verabscheute Realität im Kampf gegen die Unmenschlichkeit der Zivilisation (antibürgerliche Schock-Ästhetik).

In der zweiten Strophe seines Gedichts „Der Arzt" (1917), die im **Schülerarbeitsheft** auf S. 53 abgedruckt ist, wird Benns Menschenbild überdeutlich: Gleich zu Beginn entlarvt das lyrische Ich den Menschen als gewöhnliches Tier, indem es ihn, die vermeintliche „Krone der Schöpfung", als „Schwein" (V. 2) bezeichnet und auf diese Weise degradiert. Auch die sich anschließende direkte Ansprache des Lesers, „doch mit anderen Tieren um[zugehen]!" (V. 3), macht deutlich, dass das lyrische Ich im Menschen keinen Unterschied zu anderen Lebewesen erkennen kann.

Im zweiten Sinnabschnitt des weder strophisch gegliederten noch einem Reimschema folgenden Gedichts zählt das lyrische Ich, welches offensichtlich Arzt ist (vgl. Titel), verschiedene Krankheiten und Schwächen, wie etwa jugendliche Naivität und Leichtsinn des Menschen, auf („Mit siebzehn Jahren Filzläuse/ [...] Darmkrankheiten und Alimente,/Weiber und Infusorien", V. 4ff.), welche ihn weiter demontieren und ihn als dreckiges „Schwein" (V. 2, vgl. zudem V. 5) erscheinen lassen. Mit diversen Fachbegriffen aus der Tierwelt (vgl. V. 5, V. 10, V. 14 usw.), die hier abwertend gebraucht werden, erkennt das lyrische Ich dem Menschen dessen Status als vernunftgeleitetes und zivilisiertes Lebewesen ab.

Die Darstellung des Hässlichen nutzt Benn, um die insbesondere im Alter alles andere als perfekte Schöpfung Gottes weiter herabzuwürdigen: „[M]it vierzig fängt die Blase an zu laufen" (V. 8). Der Mensch erreicht dann aus medizinischer Sicht das Alter, in dem die ersten Organfunktionen nachlassen. Dieser körperliche Verfall schreitet erbarmungslos fort, bis schließlich „die Greisin Nacht für Nacht ihr Bett [verkackt]" (V. 12) und „sich der Greis die mürben Schenkel zu[schmiert]" (V. 13). Die Hauptursache für den Verfall des menschlichen Körpers sind dabei die Laster und sexuellen Ausschweifungen des Einzelnen (vgl. V. 6f.).

In seiner letzten Lebensphase hat der Mensch jegliche Kontrolle über seine Organe und somit seinen Körper verloren, er ist vom Leben gezeichnet und wartet nunmehr auf seinen Tod. Insbesondere jetzt erscheint der Mensch alles andere als schön und – wie es die Schöpfungsgeschichte predigt – über die Natur und Tierwelt erhaben, sondern vielmehr als nichtige und zudem verabscheuungswürdige Kreatur. Letzteres wird durch den Gebrauch vulgärer Ausdrücke noch zusätzlich betont. – Mit seinem Tod verschwindet der Mensch schließlich spurlos im „Schatten" (V. 21).

Das lyrische Ich ist sich sehr wohl bewusst, dass seine radikalen und somit gewagten Ansichten das christlich geprägte Publikum (vgl. V. 11) verstören und empören müssen („Was klääft ihr denn?", V. 10), weshalb es mögliche Einwände mit seiner rhetorischen Frage „meint ihr, um solch Geknolle wuchs die Erde/von Sonne bis zum Mond –?" (V. 9f.) gleich vorwegnimmt. – Dass das lyrische Ich tatsächlich auf große Widerstände stößt, wird kurz darauf deutlich, wenn es die Zuhörer erneut fragt, ob der Mensch wirklich zum Herrscher über die Erde bestimmt sei (vgl. V. 15), und offenbar unterbrochen wird, was der Sprecher mit der

---

[1] Benn, Gottfried: Saal der kreißenden Frauen. In: Benn, Gottfried: Sämtliche Gedichte in einem Band. 8. Auflage. Stuttgart 2014, S. 17

Interjektion „Äh!" (V. 16) kurz kommentiert, um anschließend die zweifelnden Stimmen zu ignorieren und unbeirrt fortzufahren (vgl. V. 16 ff.).

In der Argumentation des lyrischen Ichs ist insgesamt das durch Darwin, Freud und Nietzsche (vgl. Baustein 1) veränderte Menschenbild zu erkennen. Die für den Expressionismus typische Weltuntergangsstimmung stellt dabei eine Gegenposition zu den Vertretern der Weimarer Klassik dar – eine Epoche mit einer Weltanschauung, die nunmehr zum Feindbild erklärt wird, wie die Anspielung auf die Religion („Ihr sprecht von Seele – Was ist eure Seele?", V. 11) verdeutlicht; denn auch Benn hat im Zuge seiner beruflichen Tätigkeit erkannt, dass Humanität nicht bzw. kaum zu verwirklichen ist, sondern die Grauen des Lebens wie etwa Krankheit und Tod letztlich nur feststellbar, aber nicht vermeidbar sind.

Seine Gedichte zeigen demzufolge mit Brutalität und Zynismus den Hass gegen eine Zivilisation bzw. moderne Gesellschaft, die Fortschritt und Humanität naturwissenschaftlich erklären, aber dennoch keine Brücke zur Realität bauen kann. Seine Sprache ist dabei eine ganz eigene Mischung aus Großstadt- und Medizinerjargon, die auf jegliche poetisierende Mittel verzichtet, sondern vielmehr einen geradezu aggressiven Ton aufweist.

Um sich dem Gedicht anzunähern, bearbeiten die Kursteilnehmer die im **Schülerarbeitsheft** (vgl. S. 54) formulierten Aufgabenstellungen wahlweise in Einzel- oder Partnerarbeit:

> ■ *Kennzeichnen Sie das Menschenbild, das Gottfried Benn in der hier abgedruckten zweiten Strophe seines Gedichts „Der Arzt" entfaltet.*
> ■ *Formulieren Sie einen prägnanten Satz, der zum Ausdruck bringt, wie Benn die wissenschaftlichen Errungenschaften in der modernen Gesellschaft um 1900 beurteilt.*
> ■ *Lesen Sie die Informationen zum Expressionismus (S. 21) erneut und begründen Sie, weshalb das Gedicht dieser Epoche zuzuordnen ist.*

Die Ergebnisse der Textanalyse können sprachlich reduziert zu folgendem Tafelbild zusammengefasst werden:

Gottfried Benn: Der Arzt (1917)

- Entlarvung des Menschen als gewöhnliches Tier: „Schwein" (V. 2)
- hat charakterliche Schwächen, z. B. jugendliche Naivität und Leichtsinn („Mit siebzehn Jahren Filzläuse", „Weiber", „Alimente", V. 4 ff.)
- Krankheiten und körperlicher Verfall durch Laster und sexuelle Ausschweifungen
  – „Darmkrankheiten" (V. 6)
  – „Infusorien" (V. 7)
  – „mürbe Schenkel" (V. 13)
  – Inkontinenz (vgl. V. 12)
  ➡ Verlust jeglicher Kontrolle über den eigenen Körper
- Demontage der vermeintlichen „Krone der Schöpfung" (V. 2) zur hässlichen, nichtigen und verabscheuungswürdigen Kreatur
  – wartet im Alter nur noch auf den Tod (vgl. V. 12 ff.)
  – verschwindet mit seinem Tod spurlos im „Schatten" (V. 21)

Botschaft an den Leser:
Humanität ist in einer modernen Gesellschaft nicht möglich, die Grauen des Lebens (z. B. Krankheit, Tod) können lediglich diagnostiziert, nicht aber verhindert werden.

3.2.4 Vergleichende Analyse der Menschenbilder

Für die textanalytische Arbeit bietet sich die Methode des Gruppenpuzzles an. Den genauen Ablauf können die Schülerinnen und Schüler dabei dem **Arbeitsblatt 1** (S. 69) aus diesem Unterrichtsmodell entnehmen und ihre Arbeitsergebnisse im Auswertungsbogen festhalten (vgl. **Arbeitsblatt 2**, S. 70), welcher sinnvollerweise als DIN-A3-Kopie ausgehändigt werden sollte. Darüber hinaus kann die Vorgehensweise auch mithilfe einer Folie visualisiert werden (vgl. **Zusatzmaterial 5**, S. 122). Innerhalb der Expertengruppen sollte zudem ein Abgleich mit entsprechenden Lösungshinweisen (vgl. **Arbeitsblatt 3**, S. 71) erfolgen, bevor sich die Schülerinnen und Schüler in die Mischgruppen begeben.

■ *Aufgabenstellungen für die Expertengruppen (Phase 1)*
1. Bearbeiten Sie für das Gedicht aus der Epoche des Barock (der Weimarer Klassik bzw. des Expressionismus) die im Arbeitsheft aufgeführten Aufgabenstellungen.
2. Halten Sie Ihre Arbeitsergebnisse auf Ihrem Teil des Auswertungsbogens (s. Anlage) fest.
3. Überlegen Sie, wie Sie Ihre Arbeitsergebnisse in den Mischgruppen strukturiert erklären können, sodass alle Kursteilnehmer diese verstehen. Machen Sie sich geeignete Notizen.

■ *Aufgabenstellungen für die Mischgruppen (Phase 2)*
1. Tauschen Sie Ihre Ergebnisse aus den verschiedenen Expertengruppen untereinander aus und erläutern Sie diese entsprechend.
2. Vervollständigen Sie den Auswertungsbogen, indem Sie die Ergebnisse der anderen Expertengruppen übernehmen (s. Anlage).
3. Diskutieren Sie folgende Fragestellungen:
   - Wie ist das jeweilige Menschenbild gesellschaftlich zu erklären?
   - Welche Bedeutung hat der Glaube an Gott im Verlauf der Zeit?
   - Inwiefern ist Gottfried Benns Menschenbild als Gegenentwurf zu den Vorstellungen der Weimarer Klassik zu deuten? (Woran wird dies sprachlich deutlich?)

3.3 Lebenskonzepte

In diesem Erarbeitungsschritt sollen sich die Schülerinnen und Schüler mit unterschiedlichen Auffassungen zur Existenz des Menschen und zum Sinn des Lebens auseinandersetzen. Zu diesem Zweck beschäftigen sich die Lernenden mit Joseph von Eichendorffs Gedicht „Die zwei Gesellen" (1818) (vgl. **Schülerarbeitsheft**, S. 54f), in welchem das lyrische Ich die zwei gegensätzlichen Lebenskonzepte der Gesellen zunächst gegenüberstellt, schließlich jedoch beide Lebenswege verwirft und Gott bittet, es vor solchen Irrwegen zu bewahren: „Und seh ich so kecke Gesellen,/ Die Tränen im Auge mir schwellen –/ Ach Gott, führ uns liebreich zu Dir!" (V. 28 ff.)

Während die Strophen 1 und 6 folglich den kommentierenden Rahmen bilden, werden in den Strophen 2 bis 5 die Lebensentwürfe und Zukunftspläne der zwei Gesellen vorgestellt: Beide streben nach „hohen Dingen" (V. 6) und wollen „[w]as Rechts in der Welt vollbringen" (V. 8) und brechen – analog zu Eichendorffs Taugenichts – im Frühling auf, um in die große weite Welt hinauszuziehen (vgl. V. 1 ff.).

Der erste Geselle kehrt jedoch schon bald in seine Heimat bzw. gewohnte Welt zurück. Er findet seine Liebe, heiratet und wird sesshaft (vgl. V. 11 ff.). Seine Aufbruchssehnsucht und hohen Zukunftspläne bleiben somit unerfüllt, da sein Lebensentwurf nunmehr letztlich konventionellen Mustern folgt. Diese Selbstaufgabe kommentiert das lyrische Ich mit Spott, was zum einen am Gebrauch der Diminutiva wie „Liebchen", „Bübchen", „Stübchen" (V. 11 ff.) und zum anderen an den wertenden Adjektiven wie „heimlichem", „behaglich" (V. 14 f.) deutlich wird. Es kritisiert den ersten Gesellen, der die Verwirklichung seines Lebenstraums aus dem Blick verloren und gegen ein Leben als Spießbürger eingetauscht hat (vgl. V. 14 f.).

In den Strophen 4 und 5 beschreibt das lyrische Ich das Schicksal des zweiten Gesellen: Dieser lässt sich von der Lebenslust verführen, was sinnbildlich durch die „Stimmen [der Sirenen] im Grund" (V. 17) verdeutlicht wird. Aber auch dieser Geselle scheitert an der Realisierung seines Lebenskonzeptes, wie an der Schiffbruch-Metaphorik (vgl. V. 23) in Verbindung mit der Schilderung des Untergangs durch den Gebrauch dunkler Vokale („Schlund", „Grund" usw., V. 17 ff.) zu erkennen ist. Dem zweiten Gesellen verbleiben Einsamkeit, Kälte und Selbstverlust (vgl. V. 22 ff.), was wiederum an der Naturmetaphorik wie den hohen Wellen, dem kalten Wind und der Stille (vgl. V. 19, V. 24 f.) für den Leser erfahrbar gemacht wird.

Mithilfe der folgenden Aufgabenstellung kann die intensive Auseinandersetzung mit diesem Gedicht, in der die typisch romantische Schwärmerei bzw. Sehnsucht nach der fernen, freien Welt zu erkennen ist, initiiert werden (vgl. **Schülerarbeitsheft**, S. 55):

- *Erläutern Sie das für die Epoche der Romantik typische Motiv des Aufbruchs.*
- *Beschreiben Sie die Lebensentwürfe der zwei Gesellen.*
- *Interpretieren Sie Joseph von Eichendorffs Gedicht „Die zwei Gesellen" im Hinblick darauf, wie das lyrische Ich die beiden unterschiedlichen Lebenskonzepte beurteilt.*
- *Verfassen Sie ein Parallelgedicht, in welchem die zwei Gesellen im Jahre 1900 Pläne für ihre Zukunft schmieden. Beachten Sie dabei den neuen Zeitgeist der Jahrhundertwende (vgl. Kapitel 1 und 2, S. 5 ff.).*

Die Ergebnisse der ersten Aufgabe können in sprachlich reduzierter Form an der Tafel festgehalten werden:

**Joseph von Eichendorff: Die zwei Gesellen (1818)
Unterschiedliche Lebenskonzepte**

Form
- Strophen à 5 Verse
- für die Romantik typisches, einheitliches, volkstümliches Reimschema (abaab)

Inhalt
- Strophen 1 und 6: kommentierender Rahmen
- Strophe 2: Zukunftspläne der zwei Gesellen
  – Streben nach „hohen Dingen" (V. 6)
  – wollen „[w]as Rechts in der Welt vollbringen" (V. 8)
- Strophe 3: Rückkehr des ersten Gesellen
  – Lebensentwurf folgt letztlich konventionellen Mustern: Liebe, Heirat, Sesshaftigkeit
  – Aufbruchssehnsucht und hohe Zukunftspläne bleiben unerfüllt
- Strophen 4 und 5: Schicksal des zweiten Gesellen
  – lässt sich von der Lebenslust verführen („Stimmen [der Sirenen] im Grund", V. 17)
  – Scheitern des Gesellen (vgl. Schiffbruch-Metaphorik, V. 23)
  – Einsamkeit, Kälte und Selbstverlust (vgl. V. 18 ff.)

Haltung des lyrischen Ichs
- spöttische Kommentierung des alternativen Lebensentwurfs des ersten Gesellen
  – Diminutiva: „Liebchen", „Bübchen", „Stübchen" (V. 11 ff.)
  – Adjektive wie „heimlichem", „behaglich" (V. 14 f.) verweisen auf Spießbürgertum
  – schaut nicht (mehr) in die weite Welt, sondern lediglich ins „Feld hinaus" (V. 15)
- düstere Schilderung des Untergangs des zweiten Gesellen
  – dunkle Vokale: „Grund", „Schlund" (V. 17 ff.)
  – Naturmetaphorik: hohe Wellen, kalter Wind, Stille (vgl. V. 19, V. 24 f.)

↓

Das lyrische Ich bittet Gott, es vor solchen Irrwegen zu bewahren und ihm stattdessen den richtigen Lebensweg zu zeigen (vgl. V. 30).

3.4 Stationen des Lebenslaufes

Als Einstieg in diesen Unterrichtsabschnitt beschäftigen sich die Schülerinnen und Schüler mit Caspar David Friedrichs Gemälde „Die Lebensstufen" (ca. 1835) (vgl. **Schülerarbeitsheft**, S. 55). Dieses der Epoche der Romantik zuzuordnende Kunstwerk zeigt Figuren unterschiedlichen Alters, welche die drei Lebensstufen Kindheit, Erwachsensein und Alter verkörpern.
Der (fließende) Übergang von der einen Station eines Menschenlebens zur nächsten wird veranschaulicht, indem sich zum einen die am Bogen liegende Frau den spielenden Kindern zuwendet und somit im übertragenen Sinn den Blick zurück auf den bisherigen Lebensabschnitt richtet. Zum anderen schaut der (Ehe-)Mann in die Richtung des Großvaters, der auf die Familie zugeht. Er steht folglich auf der Schwelle zum Alter, kann sinnbildlich bereits die nahe Zukunft bzw. das Erreichen der nächsten Lebensstufe erahnen.
Mit dieser Figurenkonstellation korrespondiert das Motiv des Schiffes, welches hier als Allegorie für die Lebensreise eines Menschen zu interpretieren ist, denn die fünf Schiffe, die auf dem Meer fahren, weisen nicht nur eine unterschiedliche Größe auf, sondern sind auch

unterschiedlich weit vom Ufer bzw. Ziel entfernt, haben ihren Lebensabend folglich noch nicht erreicht. Letzteres wird durch die Grundstimmung des Bildes zusätzlich verstärkt, indem am Horizont die letzten Strahlen der bereits untergegangenen Sonne den Himmel sanft im Abendrot erscheinen lassen.[1]

Da die Bildanalyse als Hinführung zum Thema dient, erscheint es ausreichend, diese im Rahmen eines Unterrichtsgespräch durchzuführen:

> ■ *Erläutern Sie, wie der Maler Caspar David Friedrich (1774–1840) das Thema „Stationen des Lebens" motivisch darstellt.*

Die Ergebnisse, welche für die weitere Textarbeit erforderlich sind, sollten schriftlich festgehalten werden:

Caspar David Friedrich: Lebensstufen (ca. 1835)

- Lebensstufen: Kindheit – Erwachsenensein – Alter (vgl. Figuren, Schiffe)
- Schiff als Allegorie für die Lebensreise eines Menschen
- Ziel der Reise: das Ufer als Symbol für den Lebensabend (vgl. Sonnenuntergang)

Im Weiteren sollen sich die Schülerinnen und Schüler Hermann Hesses Gedicht „Stufen" (1941), einem seiner bekanntesten philosophischen Gedichte, widmen, welches er nach langer Krankheit schrieb (vgl. **Schülerarbeitsheft**, S. 56).

Während Caspar David Friedrich die einzelnen Lebensstufen darstellt, beschreibt das lyrische Ich in diesem Gedicht das Leben im Ganzen als fortwährenden Prozess, bei dem der Mensch „Raum um Raum durchschreite[t]" (V. 11), um einen neuen Lebensabschnitt (Raum- bzw. Stufen-Metaphorik) zu erlangen. Dabei hat jede Lebensstufe bei Erreichen ihre Relevanz im Leben des Menschen, allerdings ist wiederum auch jeder Abschnitt zeitlich begrenzt: „Wie jede Blüte […] blüht jede Lebensstufe,/Blüht jede Weisheit auch und jede Tugend/Zu ihrer Zeit und darf nicht ewig dauern." (V. 1 ff.)

Das lyrische Ich versucht, der Angst vor dem Loslassenmüssen bzw. Älterwerden entgegenzuwirken, indem es dem Leser Trost spendet und ihm versichert, dass jede neue Lebensstufe einem „Neubeginne" (V. 6) gleichkommt. Hierdurch ergeben sich nicht nur „neue Bindungen" (V. 8), vielmehr wohnt „jedem Anfang […] ein Zauber inne,/Der uns beschützt und der uns hilft zu leben" (V. 9 f.).

Nur wer bereit ist, tapfer und ohne Trauer Abschied von Vergangenem zu nehmen (vgl. V. 5 ff.), ist lebendig und kann sich weiterentwickeln. Darum soll der Leser „heiter Raum um Raum durchschreiten,/An keinem wie an einer Heimat hängen" (V. 11 f.), denn der „Weltgeist will nicht fesseln uns und engen,/Er will uns Stuf' um Stufe heben, weiten" (V. 13 f.). Leben ist Bewegung, d.h. der Sinn des menschlichen Daseins besteht in der individuellen Entwicklung und Entfaltung. Ein Stehenbleiben hingegen führt zu „lähmender Gewöhnung" (V. 18) und innerem „Erschlaffen" (V. 16).

Das lyrische Ich ist sich sicher, dass der stufenförmige Entwicklungsprozess des Menschen „niemals enden" (V. 21) wird. Vor diesem Hintergrund verliert selbst der Tod seinen Schrecken, da auch er letztlich nur den Abschied des Menschen von einer Lebensstufe auf seinem Weg zu einer höheren Daseinsform bedeutet (vgl. V. 19 ff.), weshalb das Gedicht mit dem

---

[1] Der Blick auf das offene Meer symbolisiert dabei zugleich die romantische Sehnsucht nach der Ferne.

Appell an den Leser endet, den Tod als Genesung zu begreifen: „Wohlan denn, Herz, nimm Abschied und gesunde!" (V. 22)

Hesses Menschenbild ist folglich geprägt von der Vergänglichkeit des Menschen. Im Gegensatz zum Barock wird diese von einer (Weiter-)Entwicklung des Menschen begleitet, weshalb Hesse diese als etwas Positives annimmt. In Gryphius' Sonett hingegen ist der Mensch lediglich vergänglich und somit letztlich wertlos.

Mithilfe der folgenden Aufgabenstellungen können die Schülerinnen und Schüler sich dem Gedicht in Gruppenarbeit nähern (vgl. **Schülerarbeitsheft**, S. 56):

- *Bilden Sie eine Kleingruppe und bereiten Sie einen Lesevortrag für dieses Gedicht vor.*
- *Erstellen Sie ein Schaubild, mit dem Sie den inhaltlichen Aufbau des Gedichts verdeutlichen. Überlegen Sie, ob Sie sich dabei an der Metapher der Stufen orientieren können.*
- *Erläutern Sie, wie Hesse die Vergänglichkeit des Menschen bewertet.*
- *Lesen Sie das Sonett „Menschliches Elende" (S. 50) erneut und vergleichen Sie das hier entfaltete Menschenbild mit dem im Barock.*

 Die Ergebnisse der Textanalyse können zu folgendem Tafelbild zusammengefasst werden:

Hermann Hesse: Stufen (1941)

- Beschreibung des Lebens als „niemals enden[den]" (V. 21) Entwicklungsprozess
  ➡ vgl. Raum-/Stufen-Metaphorik
- jede Lebensstufe ist wichtig im Leben des Menschen, aber zeitlich begrenzt (vgl. V. 1 ff.)
- Angst vor dem Loslassenmüssen bzw. Älterwerden ist unbegründet, da jede Stufe einen magischen Neuanfang bedeutet (vgl. V. 5 ff.)
- Leben bedeutet individuelle Entwicklung und Entfaltung, ein Stehenbleiben hingegen innere Erstarrung und Erschlaffung (vgl. V. 11 ff.)
- der Tod ist nur ein Abschied des Menschen von einer Lebensstufe auf seinem Weg zu einer höheren Daseinsform (vgl. V. 19 ff.)

↓

Appell an den Leser, den Tod als Genesung zu begreifen (vgl. V. 22)
➡ **Deutung der Vergänglichkeit des Menschen als etwas Positives**

Als Kontrast bietet es sich für diesen Lerngegenstand an, Erich Kästners Gedicht „Kurzgefasster Lebenslauf" (1930) heranzuziehen, das im **Schülerarbeitsheft** auf S. 56 f. abgedruckt ist:

Das lyrische Ich stellt hier gleich zu Beginn fest, dass das Leben nicht lohnenswert ist („Wer nicht zur Welt kommt, hat nicht viel verloren.", V. 1), und skizziert im Weiteren knapp die vermeintlich wichtigsten Stationen seines Lebenslaufes, die seine These belegen sollen. Nach der Geburt (vgl. V. 3 f.) folgt bereits die „Schule, wo ich viel vergessen habe" (V. 5). An die Schule wiederum schließt sich nahtlos der Erste „Weltkrieg, statt der großen Ferien" (V. 9) an. Das lyrische Ich „lebte [in dieser schweren Zeit einfach] weiter. Fragen Sie nicht, wie" (V. 12). Nach Kriegsende nimmt es sein privates Leben „mit Kunst und Politik und jungen Damen" (V. 15) wieder auf, welches jedoch erneut von äußeren Einflüssen wie etwa der „Inflation" (V. 13) empfindlich gestört wird.

In der zweiten Hälfte des Gedichts ist das lyrische Ich mit seinem kurzen Bericht in der Gegenwart angelangt, weshalb es vom Präteritum zum Präsens wechselt. Auch die aktuelle Lebensstufe wird im typisch nüchternen Stil der Neuen Sachlichkeit (vgl. Abschnitt 1.4) wiedergegeben.

Das lyrische Ich hat sich inzwischen offenbar mit der Welt, die durch Fremdbestimmtheit – erst in der Schule, später im Ersten Weltkrieg und nun in der Weimarer Republik – gekennzeichnet ist, arrangiert und gelernt, das Leben mit einer kritisch-distanzierten Sicht zu ertragen. Jetzt mit „zirka 31 Jahre[n]" (V. 17) und bereits grauen Haaren an den Schläfen (vgl. V. 19) verbringt das lyrische Ich den Alltag in seiner „kleine[n] Versfabrik" (V. 18), welche es ihm erlaubt, die gesellschaftspolitischen Verhältnisse mit Ironie und Sarkasmus zu kommentieren: „Dem Globus lief das Blut aus den Arterien." (V. 11) Dabei nimmt es Konfrontationen in seinem sozialen Umfeld durchaus in Kauf, denn das lyrische Ich stellt fest, dass es sich „sehr gerne zwischen Stühle" setzt und „an dem Ast, auf dem wir sitzen" (V. 21 f.), sägt.

Dieser literarische Widerstand kann das lyrische Ich allerdings nicht darüber hinwegtrösten, dass das Leben letztlich nur eine Last ist, welche mit jedem Lebensabschnitt schwerer und erdrückender wird: „Auch ich muss meinen Rucksack selber tragen!/Der Rucksack wächst. Der Rücken wird nicht breiter" (V. 25 f.). Solange das lyrische Ich „trotzdem weiter[leben]" (V. 28) muss, bleibt ihm daher nichts anderes als die Flucht in Witz und Ironie übrig: „Ich gehe durch die Gärten der Gefühle,/die tot sind, und bepflanze sie mit Witzen" (V. 23 f.).

Die Auseinandersetzung mit Kästners Gedicht „Kurzgefasster Lebenslauf" in Partnerarbeit kann mithilfe der folgenden Aufgaben (vgl. **Schülerarbeitsheft**, S. 57) angeregt werden:

- *Bereiten Sie gemeinsam mit Ihrem Sitznachbarn einen Lesevortrag für dieses Gedicht vor. Überlegen Sie zudem, weshalb es sich anbietet, das Gedicht im Gehen vorzutragen.*
- *Fassen Sie die wichtigsten Stationen dieses Lebenslaufes stichwortartig zusammen.*
- *Vergleichen Sie Kästners und Hesses Gedicht im Hinblick darauf, wie das lyrische Ich den Verlauf seines bisherigen Lebens beurteilt. Gehen Sie in diesem Zusammenhang zudem darauf ein, woran dies jeweils sprachlich-stilistisch deutlich wird. Übertragen Sie zu diesem Zweck die folgende Tabelle in Ihr Heft.*
- *Ergänzen Sie die Tabelle, indem Sie das Menschenbild, das in den Gedichten jeweils deutlich wird, stichwortartig beschreiben.*

Die Ergebnisse der Textanalyse zu Aufgabe 1 können zu folgendem Tafelbild zusammengefasst werden:

> **Erich Kästner: Kurzgefasster Lebenslauf (1930)**
>
> - Leben ist nicht lohnenswert (vgl. V. 1), sondern vielmehr eine Last (vgl. V. 25 f.)
> - Beweis durch kurze Skizzierung der vermeintlich wichtigsten Stationen des Lebens
>   - Geburt (vgl. V. 3 f.)
>   - „Schule, wo ich viel vergessen habe" (V. 5)
>   - Erster „Weltkrieg, statt der großen Ferien" (V. 9)
>   - Inflation nach Kriegsende zur Zeit der Weimarer Republik (vgl. V. 13)
> - Flucht des lyrischen Ichs in Ironie und Sarkasmus, um das Leben ertragen zu können
>   - „Dem Globus lief das Blut aus den Arterien." (V. 11)
>   - „Ich setze mich sehr gerne zwischen Stühle./Ich säge an dem Ast, auf dem wir sitzen." (V. 21 f.)
>   - „Ich gehe durch die Gärten der Gefühle,/die tot sind, und bepflanze sie mit Witzen." (V. 23 f.)
>
> **nüchterne, sachliche Feststellung der Unzumutbarkeit des menschlichen Daseins impliziert die Kritik an den historischen Ereignissen und gegenwärtigen Verhältnissen**

Im Hinblick auf den (sprachlichen) Vergleich beider Gedichte in Aufgabe 3 (vgl. **Schülerarbeitsheft**, S. 57) ist Folgendes anzumerken:
In Hesses Gedicht „Stufen" drückt sich die positive Haltung des lyrischen Ichs zum Leben sprachlich bereits durch die Häufung hell klingender Vokale wie „e" und „i" in Worten wie „Neubeginne" (V. 6) aus. Auch die Alliterationen bzw. Anaphern wie „jede Jugend" (V. 1) tragen insgesamt zu einer lebensbejahenden Grundstimmung bei.
Im Gegensatz dazu tragen in Kästners Gedicht „Kurzgefasster Lebenslauf" neben dem insgesamt kühlen Stil der Neuen Sachlichkeit vor allem das Spiel mit saloppen Ausdrücken wie „Ich trieb es mit der Fußartillerie" (V. 10), sarkastische Provokationen („Wer nicht zur Welt kommt, hat nicht viel verloren.", V. 1) und ironische Brechungen („gab es Weltkrieg, statt der großen Ferien", V. 9) zu der das Leben ablehnenden Haltung des lyrischen Ichs bei.

3.5 Lebenskrisen und Identitätsprobleme

Rolf Dieter Brinkmanns Gedicht „Selbstbildnis im Supermarkt" aus dem Jahre 1968 (vgl. **Schülerarbeitsheft**, S. 58) thematisiert einen Moment elementarer Selbsterkenntnis: Der ungewollte Blick in die Schaufensterscheibe eines Supermarkts zeigt dem lyrischen Ich plötzlich und unerwartet, „wie ich bin" (V. 5). Der Versuch, den Vorgang zu überspielen und einfach weiterzugehen (vgl. V. 9), scheitert jedoch und endet vor einer kahlen Wand, wo ihm nur die unbestimmte Hoffnung auf Hilfe von außen bleibt (vgl. V. 13 ff.), um die Identitätskrise überwinden zu können.
Formal weist das Gedicht weder ein gängiges Reimschema noch eine klare Gliederung in Strophen auf, wodurch die Orientierungslosigkeit des lyrischen Ichs widergespiegelt wird. Im Hinblick auf die inneren Vorgänge des Sprechers hingegen wird eine Struktur durch die vier Enjambements deutlich:
Anfangs nimmt das lyrische Ich sein Spiegelbild in der Schaufensterscheibe wahr (vgl. V. 1–5). Es scheint nicht glauben zu können, dass es sich dabei um ein Abbild seiner selbst

handelt, weshalb die Konfrontation mit dem Spiegelbild das lyrische Ich wie ein „Schlag [...] trifft" (V. 6). Ganz offensichtlich weicht das Spiegelbild von der eigenen Wahrnehmung ab, weshalb sich das lyrische Ich mit dem Fremdbild nicht identifizieren kann (vgl. V. 6 ff.). Es versucht, dieses verstörende Ereignis, welches seine Grundfesten erschüttert, zu verdrängen, und geht einfach weiter.

Allerdings kommt das lyrische Ich lediglich bis zu einer „kahlen Wand" (V. 10 f.), wo es verharrt, um hilflos und verzweifelt auf jemanden zu warten, der es abholt (vgl. V. 13 ff.).

Bevor die Schülerinnen und Schüler sich intensiv mit dem Gedicht auseinandersetzen, sollen diese durch ein kleines Experiment zum eigentlichen Thema, Lebenskrisen und Identitätsprobleme, hingeführt werden: Hierzu stellt die Lehrkraft einen großen Spiegel auf und bittet die Kursteilnehmer, nacheinander vorzutreten, um ihr Spiegelbild zu betrachten und anschließend ihre Eindrücke in stiller Einzelarbeit zu reflektieren.

> ■ *Treten Sie vor den Spiegel, betrachten Sie Ihr Spiegelbild und reflektieren Sie anschließend Ihre Eindrücke, indem Sie folgende Leitfragen für sich stichwortartig beantworten:*
> - *Was habe ich gesehen?*
> - *Was gefiel mir (nicht)?*
> - *Was habe ich dabei gedacht und/oder gefühlt?*

Erfahrungsgemäß zeigt sich hier eine große Bandbreite an Verhaltensweisen seitens der Lernenden. Diese Verhaltensweisen hängen einerseits von der jeweiligen Persönlichkeit ab und/oder sind geschlechtsspezifischer Natur, andererseits aber auch dem Umstand geschuldet, dass die eigene Betrachtung im Spiegel üblicherweise in einem intimen Rahmen, d. h. im häuslichen Schlaf- bzw. Badezimmer und unter Ausschluss der Öffentlichkeit, erfolgt und in der Regel dazu dient, vermeintliche Mängel im äußeren Erscheinungsbild (Frisur, Hautunreinheiten, Figur, Garderobe usw.) zu identifizieren und gegebenenfalls zu beheben.

Vor diesem Hintergrund sollte den Schülerinnen und Schülern die Entscheidung selbst überlassen werden, ob und inwiefern sie die Ergebnisse ihrer Reflexion im anschließenden Unterrichtsgespräch äußern möchten. Die Lehrkraft sollte stattdessen übergeordnete Fragestellungen in den Fokus der Diskussion rücken:

> ■ *Wir haben soeben ganz unterschiedliche Reaktionen vor dem Spiegel erlebt. Woran könnte dies möglicherweise liegen?*
> *Warum fällt es einigen Menschen vielleicht schwerer als anderen, vor den Spiegel zu treten?*
> *Halten Sie es für möglich, dass jemand regelrecht Angst davor haben könnte, sich im Spiegel zu betrachten? Warum (nicht)?*

Die letzte Frage stellt zugleich die Überleitung zu Rolf Dieter Brinkmanns Gedicht „Selbstbildnis im Supermarkt" (**Schülerarbeitsheft**, S. 58) dar, welches die Schülerinnen und Schüler zunächst lesen sollen, um im Plenum folgende Leitfragen zu beantworten:

> ■ *Was ist mit dem lyrischen Ich beim Blick in die Schaufensterscheibe des Supermarkts geschehen?*
> *Wie ist das zu erklären?*

Die Schülerinnen und Schüler erfassen das Thema des Gedichts (vgl. Fazit des folgenden Tafelbildes) und steigen anschließend in die Deutung des Textes ein:

- *Bereiten Sie mit Ihrem Sitznachbarn eine szenische Aufführung des Gedichts vor. Überlegen Sie, in welcher Weise sich für die Darstellung auch pantomimische Elemente anbieten.*
- *Sie sind Kunde des Supermarktes und werden zufällig Zeuge dieser Szene. Verfassen Sie einen inneren Monolog, in dem deutlich wird, wie Sie das lyrische Ich wahrnehmen und bewerten.*
- *Interpretieren Sie das Gedicht „Selbstbildnis im Supermarkt" im Hinblick auf das Identitätsproblem des lyrischen Ichs. Gehen Sie dabei auch auf den kausalen Zusammenhang zwischen Form (Struktur, sprachliche Gestaltungsmittel) und Inhalt ein.*

Die Ergebnisse können an der Tafel wie folgt zusammengefasst werden:

Rolf Dieter Brinkmann: Selbstbildnis im Supermarkt (1968)
Lebenskrisen und Identitätsprobleme

Inhalt	Form (Struktur, Gestaltungsmittel)
• Schaufensterscheibe als Spiegel der inneren Vorgänge – **Wahrnehmung:** Erblicken des eigenen Spiegelbilds (vgl. V. 1–5) – **Irritation:** Konfrontation mit dem Spiegelbild wird als „Schlag" empfunden (vgl. V. 6–9) – **Desorientierung:** Weitergehen bis zu einer „kahlen Wand" (V. 10f.) – **Hilflosigkeit, Verzweiflung:** Warten auf jemanden, der das lyrische Ich abholt (vgl. V. 13–15) • eigenes Spiegelbild erschüttert das lyrische Ich in seinen Grundfesten	• Aufbau: 4 Sätze im Prosarhythmus (**Enjambements**) • einfache Wortwahl korrespondiert mit der alltäglichen Situation im Supermarkt • Gliederung durch unterschiedliche Vers- und Absatzlängen zur Betonung einzelner Worte: – „trotzdem" (V. 9) – „ab" (V. 15) • Form spiegelt Orientierungslosigkeit des lyrischen Ichs wider: – keine klare Gliederung in Strophen – kein gängiges Reimschema

Spiegelbild als Auslöser der **Identitätskrise** des lyrischen Ichs

---

Abschließend können die Schülerinnen und Schüler zusätzlich die kreative Schreibaufgabe erhalten, ein Antwortgedicht zu verfassen, in welchem ein namenloser Helfer dem lyrischen Ich einen Weg aufzeigt, um die Lebenskrise zu überwinden. Zugleich erfolgt hierdurch eine vertiefende Auseinandersetzung mit dem Lerngegenstand.

- *Verfassen Sie ein Antwortgedicht zu Rolf Dieter Brinkmanns „Selbstbildnis im Supermarkt", in welchem der Sprecher das lyrische Ich aus dem Supermarkt abholt und ihm einen geeigneten Weg zur Überwindung seiner Identitätskrise aufzeigt.*

Zur Vertiefung dieses Lerngegenstandes sollen sich die Schülerinnen und Schüler mit Simone Hirths Gedicht „Gustav" (2009) auf S. 59 im **Schülerarbeitsheft** beschäftigen. In diesem zeitgenössischen Text wird die Banalität des Alltags thematisiert, mit der sich der Mensch abfindet, wodurch er letztlich selbst banal erscheint.

Die Autorin zeigt das alltägliche Leben von heute im Querschnitt, indem sie verschiedene Themen blitzlichtartig anreißt und mithilfe der Montagetechnik verbindet. Die Zusammen-

stellung selbst erfolgt dabei scheinbar zufällig. Im Einzelnen werden dabei folgende Bereiche berührt:
- Bürokratie: „mit Datum und Unterschrift" (V. 3)
- Konsum: „Wir kaufen uns neue Stühle." (V. 4)
- Leistungsgesellschaft: „Wir [...] finden eine Lösung" (V. 5f.) und „glauben an Gustav" (V. 8)
- Monotonie: „Meistens essen wir Wurst." (V. 11)
- Politik: „wo sollen wir unser Kreuz machen" (V. 15)

Innerhalb unseres modernen, global ausgerichteten Wirtschaftssystems, welches allgemeinen Wohlstand bzw. einen hohen Lebensstandard sichert, muss der einzelne Mensch funktionieren und multitaskingfähig sein, indem er für alle Probleme des Alltags eine gangbare Lösung findet und die an ihn gestellten Anforderungen erfüllt (vgl. V. 6f. und V. 17).

Es wäre anzunehmen, dass der Mensch für seine Leistungsbereitschaft im Sinne des Wirtschaftens und Handelns einen Anspruch auf eine Gegenleistung hätte, Simone Hirth führt dem Leser jedoch ein anderes Bild vor Augen: Überrascht – oder sinnbildlich „fischäugig" (V. 2) – muss er im täglichen Leben Widersprüche, Ungerechtigkeiten usw. feststellen (vgl. V. 2f. und V. 13ff.), denen er jedoch aktiv nichts entgegenzusetzen vermag, weshalb er diese stillschweigend akzeptiert und resigniert: „Wir finden uns ab" (V. 1), „Es wird schon" (V. 12).

Statt sich für (gesellschafts-)politische Belange zu interessieren oder sich hierfür sogar zu engagieren („wo sollen wir unser Kreuz machen", V. 15), zieht sich der moderne Mensch von heute ins Private zurück, um sich seinen vermeintlichen Problemen zu widmen: „Wir [...] finden eine Lösung/für volle Staubsaugerbeutel und Einsamkeit" (V. 5ff.).

Indem er sich „Lieblingsbeschäftigungen zu[legt]" (V. 5), glaubt er, sein eigenes, kleines Universum selbst gestalten und somit sein Leben zum Positiven verändern zu können. Mit der Illusion einer heilen Welt kompensiert er letztlich seine eigene Unzufriedenheit („und ja, wir glauben,/unseren Möbeln geht es gut", V. 18f.) und verdrängt, dass er sich in dieser modernen Leistungsgesellschaft längst selbst entfremdet hat.

Formal äußert die Autorin ihre Gesellschaftskritik, indem sie etwa auf gängige Struktur gebende lyrische Gestaltungsmittel (Reimschema, Metrum, Strophenlänge usw.) bewusst verzichtet, wodurch die Beliebigkeit des Alltags widergespiegelt wird. Der Umstand, dass die Themenbereiche lediglich angerissen werden, versinnbildlicht wiederum die Oberflächlichkeit und das politische Desinteresse des modernen Menschen von heute, der die gesellschaftlichen Probleme stillschweigend akzeptiert, anstatt sich kritisch mit ihnen auseinanderzusetzen.

Die Selbstentfremdung des modernen Menschen wiederum wird dadurch verdeutlicht, dass Hirth diesen in ihrem Gedicht entpersonalisiert, was sich zum einen in dem kollektiven „Wir" ausdrückt, welches hier das lyrische Ich ersetzt. Darüber hinaus ist dies aber auch an der einfachen Alltagssprache mit der geschriebenen Mündlichkeit erkennbar: „und ja, wir glauben,/ unseren Möbeln geht es gut" (V. 18f.). In Kombination mit leeren Phrasen wie „Es wird schon" (V. 12) wird hier eine Sprache gebraucht, die jedermann spricht.

Mithilfe der im **Schülerarbeitsheft** (S. 59) formulierten Aufgabenstellungen nähern sich die Lernenden Hirths gesellschaftskritischer Lyrik an:

- *Illustrieren Sie das Gedicht mithilfe geeigneter Bilder (Zeitschriften, Postkarten usw.).*
- *Beschreiben Sie das Bild, das Simone Hirth vom Alltag des Menschen von heute entwirft.*
- *Beurteilen Sie, inwiefern in diesem Gedicht von einer Lebenskrise und Identitätsproblemen gesprochen werden kann.*

- Erläutern Sie die Kritik, welche die Autorin an der gegenwärtigen gesellschaftlichen Situation übt. Gehen Sie in diesem Zusammenhang auch darauf ein, wie sie diese sprachlich und formal zum Ausdruck bringt.
- Nehmen Sie zu Hirths „Zeitanalyse" Stellung.

 Die Ergebnisse können an der Tafel in sprachlich reduzierter Form wie folgt festgehalten werden:

Simone Hirth: Gustav (2009)

Inhalt

- Verschiedene Themenbereiche und (Alltags-)Probleme werden angerissen:
  - Bürokratie: „mit Datum und Unterschrift" (V. 3)
  - Konsum: „Wir kaufen uns neue Stühle." (V. 4)
  - Leistungsgesellschaft: „Wir […] finden eine Lösung" (V. 5 f.) und „glauben an Gustav" (V. 8)
  - Monotonie: „Meistens essen wir Wurst." (V. 11)
  - Politik: „wo sollen wir unser Kreuz machen" (V. 15)

- Der moderne Mensch von heute …
  - muss funktionieren und multitaskingfähig sein (vgl. V. 6 f. und V. 15 ff.).
  - registriert Widersprüche, Ungerechtigkeiten usw. (vgl. V. 2 f. und V. 13 ff.), lehnt sich jedoch nicht auf, sondern findet sich damit ab (vgl. V. 1).
  - schafft sich als Rückzugsort seine eigene kleine, heile Welt („Wir legen uns Lieblingsbeschäftigungen zu", V. 5).

Form und Sprache

- Spiegelung der Beliebigkeit des alltäglichen Lebens durch
  - Fehlen Struktur gebender lyrischer Gestaltungsmittel (Reimschema, Metrum usw.)
  - Montage verschiedener Themen nach dem Zufallsprinzip

- kurzes Anreißen der Themen als Symbol für Oberflächlichkeit und stillschweigende Akzeptanz, statt kritischer Auseinandersetzung und gesellschaftlichem Engagement

- Entpersonalisierung des Menschen durch
  - einfache Alltagssprache
  - geschriebene Mündlichkeit („und ja, wir glauben,/ unseren Möbeln geht es gut", V. 18 f.)
  - leere Phrasen bzw. Redensarten („Es wird schon", V. 12)
  - kollektives „Wir" ersetzt lyrisches Ich

↓

Die Banalität des Alltags lässt den modernen Menschen von heute selbst belanglos erscheinen.

Gruppenpuzzle: Wandel des Menschenbildes

> In dem in der philosophischen Anthropologie gebräuchlichen Begriff des „Menschenbildes" manifestieren sich die Vorstellungen eines Einzelnen oder einer Gesellschaft vom Wesen des Menschen zu einem Ganzen.
> Ein allgemeingültiges Menschenbild gibt es jedoch nicht, vielmehr unterliegen Menschenbilder einem stetigen Wandel und sind in engem Zusammenhang mit dem jeweilgen zeitgeschichtlichen Kontext zu sehen.

Dieser Wandel des Menschenbildes soll im Folgenden exemplarisch nachvollzogen werden.

Phase 1
Zunächst interpretieren Sie drei Gedichte aus verschiedenen Epochen in arbeitsteiliger Gruppenarbeit (**Expertengruppen**). Wenn Sie mit Ihrem Aufgabenteil fertig sind, erhalten Sie ein Lösungsblatt, sodass Sie Ihre Ergebnisse vergleichen und ggf. vervollständigen können.

Phase 2
Anschließend bilden Sie neue Gruppen, in denen jeweils mindestens ein Vertreter jeder Expertengruppe vertreten sein muss (**Mischgruppen**). Hier tauschen Sie Ihre Arbeitsergebnisse aus und erläutern diese, sodass am Ende dieses sogenannten **Gruppenpuzzles** jeder von Ihnen mit allen Gedichten vertraut ist. Diese lauten im Einzelnen wie folgt:

Expertengruppe 1: **Barock**
Andreas Gryphius: Menschliches Elende (1637)
(S. 50 im Arbeitsheft)

Expertengruppe 2: **Weimarer Klassik**
Johann Wolfgang von Goethe: Das Göttliche (1783)
(S. 52 im Arbeitsheft)

Expertengruppe 3: **Expressionismus**
Gottfried Benn: Der Arzt (1917)
(S. 53 im Arbeitsheft)

Aufgabenstellungen für die Expertengruppen (Phase 1)

1. Bearbeiten Sie für das Gedicht aus der Epoche des/der _____ die im Arbeitsheft aufgeführten Aufgabenstellungen.
2. Halten Sie Ihre Arbeitsergebnisse auf Ihrem Teil des Auswertungsbogens (s. Anlage) fest.
3. Überlegen Sie, wie Sie Ihre Arbeitsergebnisse in den Mischgruppen strukturiert erklären können, sodass alle Kursteilnehmer diese verstehen. Machen Sie sich geeignete Notizen.

Aufgabenstellungen für die Mischgruppen (Phase 2)

1. Tauschen Sie Ihre Ergebnisse aus den verschiedenen Expertengruppen untereinander aus und erläutern Sie diese entsprechend.
2. Vervollständigen Sie den Auswertungsbogen, indem Sie die Ergebnisse der anderen Expertengruppen übernehmen (s. Anlage).
3. Diskutieren Sie folgende Fragestellungen:
   - Wie ist das jeweilige Menschenbild gesellschaftlich zu erklären?
   - Welche Bedeutung hat der Glaube an Gott im Verlauf der Zeit?
   - Inwiefern ist Gottfried Benns Menschenbild als Gegenentwurf zu den Vorstellungen der Weimarer Klassik zu deuten? (Woran wird dies sprachlich deutlich?)

Auswertungsbogen (Gruppenpuzzle)

Barock 1600–1720 	Andreas Gryphius: Menschliches Elende (1637)
Botschaft an den Leser:	

Weimarer Klassik 1786–1805 	Johann Wolfgang von Goethe: Das Göttliche (1783)
Botschaft an den Leser:	

Expressionismus 1910–1920 	Gottfried Benn: Der Arzt (1917)
Botschaft an den Leser:	

Lösungs-/Kontrollbogen für die Expertengruppen (Gruppenpuzzle)

Barock 1600–1720 	**Andreas Gryphius: Menschliches Elende (1637)** • Leben des Menschen ist geprägt durch „Schmerzen" (V. 1), „Angst" (V. 3), Leid (vgl. Titel, V. 3), Unbeständigkeit (vgl. V. 2, V. 10), Vergänglichkeit (vgl. V. 4 ff., V. 9 ff.) • Mensch ist seinem irdischen Schicksal ausgeliefert: „Ball des falschen Glücks", „Irrlicht dieser Zeit" (V. 2) • Momento mori: Tod und Vergänglichkeit sind allgegenwärtig: „verschmelzter Schnee und abgebrannte Kerzen" (V. 4), vom Wind verwehter Rauch (vgl. V. 14) • Vanitas: alles Irdische ist vergänglich und somit nichtig: „Nam, Lob, Ehr und Ruhm verschwinden" (V. 11), alles, „[w]as nach uns kommt" (V. 13) • „Menschliches Elende" (vgl. Titel) im Diesseits als moralische Bewährungsprobe
Botschaft an den Leser: Appell, auf Gottes Hilfe zu vertrauen, um den rechten Lebensweg zu finden	

Weimarer Klassik 1786–1805 	**Johann Wolfgang von Goethe: Das Göttliche (1783)** • Götter: die uns „unbekannten/Höhern Wesen,/Die wir ahnen!" (V. 7 ff.), vorbildliches, humanes Verhalten • Mensch: kann als Vernunftwesen nach ethischen Aspekten urteilen und richten (vgl. V. 39 ff. und V. 58 f.), nimmt daher innerhalb der Natur eine Sonderstellung ein, ist zum sittlich höheren Wesen erziehbar • Natur: ist „unfühlend" (V. 13), kann nicht zwischen Gut und Böse unterscheiden, handelt daher willkürlich
Botschaft an den Leser: Orientierung am Vorbild der Götter	

Expressionismus 1910–1920 	**Gottfried Benn: Der Arzt (1917)** • Entlarvung des Menschen als gewöhnliches Tier: „Schwein" (V. 2) • hat charakterliche Schwächen, z. B. jugendliche Naivität und Leichtsinn („Mit siebzehn Jahren Filzläuse", „Weiber" „Alimente", V. 4 ff.) • Krankheiten und körperlicher Verfall durch Laster und sexuelle Ausschweifungen: „Darmkrankheiten" (V. 6), „Infusorien" (V. 7), „mürbe Schenkel" (V. 13), Inkontinenz (vgl. V. 12) → Verlust jeglicher Kontrolle über den eigenen Körper • Demontage der vermeintlichen „Krone der Schöpfung" (V. 2) zur hässlichen, nichtigen und verabscheuungswürdigen Kreatur (vgl. V. 12 ff. und V. 21)
Botschaft an den Leser: Humanität ist in einer modernen Gesellschaft nicht möglich, die Grauen des Lebens (z. B. Krankheit, Tod) können lediglich diagnostiziert, aber nicht verhindert werden.	

Baustein 4

Sprache als Thema der Lyrik und die Suche nach neuen Ausdrucksformen

Die folgenden Ausführungen stellen zum einen eine Ergänzung zum vorangegangenen Baustein 3 „Vielfalt lyrischen Sprechens" dar und sollen das Thema „Literatur und Sprache um 1900" erneut aufgreifen, indem hier der Fokus auf den Bereich Reflexion über Sprache und Sprachgebrauch gelegt wird.

4.1 Sprachskepsis und Sprachkritik in der Moderne

Um die Jahrhundertwende verfasst Rainer Maria Rilke das Gedicht „Ich fürchte mich so vor der Menschen Wort" (vgl. **Schülerarbeitsheft**, S. 60), in welchem er die Selbstüberschätzung und fehlende Sensibilität der modernen Gesellschaft um 1900 kritisiert. Seine Sprachskepsis und Sprachkritik artikuliert er dabei in seiner ihm eigenen Weise:

In der ersten Strophe äußert das lyrische Ich seine Angst vor seinen Mitmenschen, die „alles so deutlich aus[sprechen]" (V. 2); denn durch die präzisierenden, differenzierenden und vermeintlich eindeutigen Bezeichnungen (vgl. V. 3f.) werde die Welt in ihrer Komplexität und Vielfalt nicht nur zu einseitig wahrgenommen, sondern sinnbildlich sogar zerstört (vgl. V. 12).

Neben diesem zu leichtfertigen bzw. unkritischen Umgang mit Sprache, durch welchen die Dinge in ihrer Schönheit gewaltsam entzaubert werden, verurteilt das lyrische Ich in der zweiten Strophe zudem die damit einhergehende Hybris des Menschen. Mit seinem angeblichen Wissen (vgl. V. 6), welches mit dem Aussprechbaren verbunden ist, stellt er sich auf eine Ebene mit Gott und seiner Schöpfung. Infolgedessen ist seinen Zeitgenossen auch „kein Berg [...] mehr wunderbar;/ihr Garten und Gut grenzt grade an Gott" (V. 7f.).

In der dritten Strophe warnt das lyrische Ich den Leser vor der Erstarrung der Dinge durch ihre Festlegung auf eine Bezeichnung („starr und stumm", V. 11; „Ihr bringt mir alle die Dinge um", V. 12) und appelliert an ihn, hiervon abzusehen, also den Dingen bildsprachlich fernzubleiben (vgl. V. 9).

In sprachlich-stilistischer Hinsicht ist auffällig, dass Rilke seine Kritik am unangemessenen Umgang mit Sprache auf poetische Weise zum Ausdruck bringt, indem er etwa das lyrische Ich betonen lässt, wie gerne es die „Dinge singen" (V. 10) höre, und eine mit der Botschaft korrespondierende regelmäßige, liedhafte Form für sein Gedicht wählt. Die mehrfach eingestreuten Alliterationen und Paarformeln dienen nicht nur der Einprägsamkeit der Aussagen, sondern haben insbesondere auch schmückenden Charakter. Die Häufung der Personalpronomen der ersten Person Singular einerseits und der zweiten bzw. dritten Person Plural andererseits wiederum verdeutlicht die Abgrenzung der Sichtweise des lyrischen Ichs von derjenigen der angeklagten Menschen.

Insgesamt belegt Rilkes Ausdrucksweise somit, dass er lediglich eine metaphorische Sprache für angemessen und fähig hält, die Wirklichkeit adäquat wiederzugeben.

Mithilfe der folgenden Arbeitsaufträge kann die Erarbeitung des sprachkritischen Gedichts initiiert werden (vgl. **Schülerarbeitsheft**, S. 60):

- *Blicken Sie aus dem Fenster und versuchen Sie, ein selbst gewähltes Objekt aus Ihrer Umgebung mit einem möglichst genauen Wort zu bezeichnen.*
- *Reflektieren Sie Ihre gewonnenen Eindrücke, indem Sie die Möglichkeiten und Grenzen dieser Vorgehensweise stichwortartig notieren.*
- *Erläutern Sie, worin die Furcht besteht, die das lyrische Ich in dem Gedicht „Ich fürchte mich so vor der Menschen Wort" äußert. Halten Sie diese Furcht für gerechtfertigt?*

Die Ergebnisse dieser Textanalyse können zu folgendem Tafelbild zusammengefasst werden:

Rainer Maria Rilke:
Ich fürchte mich so vor der Menschen Wort (1899)

Inhalt
- Skepsis gegenüber einer präzisierenden, differenzierenden Sprache (vgl. **Strophe 1**)
  - ➡ Gewalt der Sprache führt zur Entzauberung der Dinge (vgl. **V. 12**)
- Kritik an der Hybris der Menschen (vgl. **Strophe 2**)
- Appell: angemessener, kritischer Umgang mit der Sprache (vgl. **Strophe 3**)

Sprache
- Spiegelung der Schönheit der Dinge (vgl. V. 10)
  - Alliterationen und Paarformeln (vgl. V. 5, V. 8 und V. 11)
  - regelmäßiger, liedhafter Aufbau des Gedichts
- Personalpronomen (1. Pers. Sing. vs. 2./3. Pers. Plur.) als Abgrenzung der Sichtweisen

↓

Nur eine metaphorische Sprache ist angemessen und fähig, die Wirklichkeit adäquat wiederzugeben.

Um neben Rilke eine weitere Position zur Sprachkrise um 1900 zu erhalten und somit die Diskussion besser nachvollziehen zu können, erscheint es sinnvoll, den Schülerinnen und Schülern einen Auszug aus der philosophischen Schrift „Der Schatz der Armen" (1896) des belgischen Schriftstellers Maurice Maeterlinck an die Hand zu geben (vgl. **Schülerarbeitsheft**, S. 61):

Nach Maeterlinck erlaube die Sprache bzw. das Sprechen keine „wirklichen Mitteilungen" (Z. 1) zwischen Menschen, wohingegen Schweigen ein tieferes Verstehen des anderen ermögliche, da der Mensch dann angehalten sei, sich intensiv in den anderen einzufühlen. Anders als Rilke geht es Maeterlinck folglich nicht um das grundsätzliche Problem, dass Wirklichkeit mit Sprache nicht zufriedenstellend zu erfassen ist. Er möchte darauf aufmerksam machen, dass sich die eigentliche „Sprache der Seele" nur im Schweigen ausdrücken kann.

Seine Reflexion über Sprache und Sprachgebrauch erfolgt dabei in einer sehr bildhaften und poetischen Sprache über das Schweigen, um seine Empfindungen auszudrücken. Das Paradoxon, das durch seine Überhöhung und Mystifizierung des Schweigens entsteht, kann er nicht aufheben, denn er muss sich der Sprache bedienen. Da es Maeterlinck allerdings nicht um eine Mitteilung im Sinne einer Sprache der Seele geht, ist das Sprechen bzw. Schreiben darüber möglich.

Der These des Verfassers ist kritisch zu begegnen: Zwar erscheint es durchaus nachvollziehbar und möglich, dass sich der Einzelne mit einem engen Freund oder gar Vertrauten auch durch Schweigen verständigen kann, gleichzeitig jedoch sind dieser Form der Kommunikation Grenzen gesetzt.

- *Geben Sie das hier beschriebene Verhältnis von Sprechen und Schweigen in eigenen Worten wieder.*
- *Beziehen Sie die Aussagen des Verfasser auf Rilkes Gedicht „Ich fürchte mich so vor der Menschen Wort".*
- *Interpretieren Sie das Gedicht unter anderem im Hinblick auf die von Maeterlinck formulierte Krise im Umgang mit Sprache.*

 Das Verhältnis von Sprechen und Schweigen im Sinne des Autors kann an der Tafel in Form eines Schaubildes zusammengefasst werden:

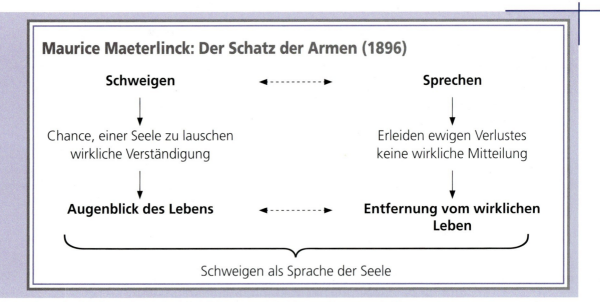

Fakultativ kann vergleichend Joseph von Eichendorffs einstrophiges Gedicht „Wünschelrute" (1835) (vgl. **Schülerarbeitsheft**, S. 61) aus der Epoche der Romantik hinzugezogen werden: Ebenso wie Rilke vertraut Eichendorff nicht nur auf das Wort des Dichters, sondern misst ihm zudem magische Fähigkeiten bei, was in der Metapher der Wünschelrute (vgl. Titel) zum Ausdruck kommt: Mit seiner Dichtung befreit der Künstler die äußere Welt aus ihrem verträumten Zustand und bringt die Dinge erst zum Singen. Im Umkehrschluss bedeutet dies, dass in jedem Ding ein Lied schläft. Das dichterische „Zauberwort" (V. 4) erlangt folglich kosmische Bedeutung, indem es alle Grenzen sprengt und den Raum zur Unendlichkeit öffnet. In diesem kurzen lyrischen Text verdichtet Eichendorff letztlich die Ideen der Vertreter der Romantik, weshalb das Gedicht zugleich als Quintessenz seiner eigenen dichterischen Arbeit gelten kann. Rilke greift diesen Gedankengang auf und führt ihn insofern weiter aus, als er den alltäglichen Sprachgebrauch vergleichend entgegensetzt, welcher im Gegensatz zur metaphorischen Sprache des Dichters nicht nur ungeeignet ist, die Dinge zum Klingen zu bringen, sondern diese sogar (bildlich gesprochen) zerstört.

- *Fassen Sie die metaphorische Bedeutung der „Wünschelrute" in einem prägnanten Satz zusammen.*
- *Wählen Sie einen Gegenstand, z. B. einen Granitstein, aus und schreiben Sie einerseits eine wissenschaftliche Beschreibung auf, andererseits eine solche, die das „Lied" in diesem Gegenstand erklingen lässt.*

■ *Vergleichen Sie Joseph von Eichendorffs Gedicht „Wünschelrute" aus der Epoche der Romantik mit der Aussage von Rainer Maria Rilkes Gedicht (s. S. 60), das um die Jahrhundertwende entstanden ist.*

Abschließend sollten im Unterrichtsgespräch folgende Leitfragen diskutiert werden, um den Sprachgebrauch um 1900 kritisch zu reflektieren und zudem einen Bezug zur Sprache der Gegenwart herzustellen:

■ *Halten Sie Rilkes Sprachkritik auch für die heutige Zeit für berechtigt? Warum (nicht)?*

Zur Vertiefung dieses Lerngegenstandes können die Schülerinnen und Schüler Friedrich Nietzsches Schrift „Über Wahrheit und Lüge im außermoralischen Sinne" lesen und bearbeiten, die dem **Zusatzmaterial 6** (S. 123 f. in diesem Unterrichtsmodell) zu entnehmen ist, um eine weitere sprachskeptische, im Vergleich zu Rilke im Wesentlichen gegensätzliche Sichtweise kennenzulernen.

In dieser bereits 1873 verfassten, jedoch erst 1896 veröffentlichten Schrift stellt er den Wahrheitsanspruch der Sprache als einer der Ersten seiner Zeitgenossen grundlegend in Frage. Die Schrift markiert deshalb den Beginn eines intensiven Diskurses über Sprachkritik und Sprachskepsis um die Jahrhundertwende.

Nietzsche ist der Sprache gegenüber skeptisch, da das Wort das „Ding an sich"[1] nicht spiegeln könne bzw. die Realität nur unzureichend wiedergebe; denn die Sprache erfasse nicht das einzelne Objekt, sondern vielmehr eine durch das Wort gleichgesetzte Klasse von Objekten (z. B. „das Blatt"), wodurch jegliche Unterschiede (z. B. Form und Farbe des jeweiligen Blattes) nivelliert würden. Der Wortschatz einer Sprache sei folglich nicht mehr als eine Sammlung von Übertragungen – Metaphern also, die von den Menschen nach bestimmten Regeln genutzt würden. Hieraus folgert Nietzsche, dass der Gebrauch der Sprache letztlich bedeute, „nach einer festen Konvention"[2] zu lügen.

4.2 Sprachexperimente in der Moderne

4.2.1 Der Expressionist August Stramm

In August Stramms expressionistischem Gedicht „Sturmangriff" (1915), das auf S. 62 im **Schülerarbeitsheft** abgedruckt ist, bringt das lyrische Ich seine Erfahrungen im Ersten Weltkrieg zum Ausdruck.

Der erlebte Sturmangriff versetzt das lyrische Ich in Angst und Schrecken (vgl. V. 1), die Schrecken des Ersten Weltkrieges und die damit einhergehende Sprachlosigkeit des lyrischen Ichs spiegeln sich auch formal zum einen im fehlenden Reimschema und Metrum und zum anderen in der Reduktion der Sprache auf einzelne Worte bzw. Wortfetzen. Der Verzicht auf jegliche grammatische Strukturen verstärkt diesen Eindruck zusätzlich. So deutet etwa die fehlende Interpunktion darauf hin, dass während des Sturmangriffs weder eine Pause (Komma) noch ein Ende (Punkt) in Sicht ist.

Angesichts dieses auf den ersten Blick unstrukturierten Aufbaus und der zudem verfremdeten Wortarten bzw. -stämme sowie Neologismen, welche die stilistischen Hauptelemente des Gedichts darstellen, wird dem Leser der Zugang zu dem Gedicht auf der Mikroebene erschwert. Erst auf den zweiten Blick wird deutlich, dass das Gedicht offenbar aus mehreren Satzfragmenten besteht und – syntaktisch auf das Äußerste verknappt – im Mittelteil als

---

[1] Nietzsche, Friedrich: Über Wahrheit und Lüge im außermoralischen Sinne. In: Schlechta, Karl: Friedrich Nietzsche. Werke in drei Bänden. Band 3. München 1966, S. 309
[2] Ebd.

Enjambement (vgl. V. 3 bis 8) angelegt ist. Dementsprechend bilden die Verse 1, 2, 3–8, 9 sowie 10 jeweils eine Sinneinheit, wobei die Verse 1 und 10, die bereits optisch deutlich länger sind, die übrigen umrahmen.

Das Wort „Kreisch" (V. 2) repräsentiert Stramms neuartigen Schreibstil: Das Verb „kreischen" wird bewusst zu einer Interjektion verfremdet. Da es in diesem Vers zudem allein steht, wird dessen lautmalerische Funktion betont, wie in diesem Fall möglicherweise der Schrei eines getroffenen Soldaten, wodurch wiederum das apokalyptische Kriegsszenario („Die Himmel fetzen/Blinde schlächtert wildum das Entsetzen", V. 9f.) für den Leser erfahrbar wird.

Das Stilmittel der Onomatopoesie ist auch im darauffolgenden Vers zu finden. Zum einen wird durch diese Wiederholung der soeben beschriebene Effekt zusätzlich verstärkt. Zum anderen wird durch das Wort „Peitscht"[1] (V. 3) nicht nur der auditive, sondern außerdem auch der haptische Sinn angesprochen, sodass der Leser den Streifschuss nicht nur zu hören, sondern auch zu fühlen glaubt.

Obwohl das Enjambement innerhalb des Gedichts einen längeren zusammenhängenden Sinnabschnitt bildet (vgl. V. 3 bis 8),[2] erfolgt das Lesen eher stockend, da die Lesbarkeit dieses Textteils zum einen durch die Kürze der Verse und zum anderen die Inversionen bewusst erschwert wird. Die hierdurch zum Ausdruck kommende Sprachlosigkeit des lyrischen Ichs spiegelt dessen Todesangst wider. Mit ihm erlebt und durchlebt auch der Leser das ganze Grauen des Kriegsinfernos (vgl. V. 1 und V. 9f.): Zwar werden die modernen Mittel der Kriegsführung im Ersten Weltkrieg (Artillerie, Maschinengewehr, Panzer, Granaten usw.) nicht explizit genannt, jedoch wird „in der zerfetzten Syntax [...] die terrorisierte Wahrnehmung des Frontsoldaten aber umso intensiver erfahrbar"[3].

Anhand der Personifikationen und Hyperbeln wird zudem deutlich, dass sich „[d]as Leben" (V. 4) in einer passiven Rolle befindet, denn es wird „Vor/Sich/Her[gepeitscht in]/Den keuchen Tod" (V. 5ff.). Und auch das Dasein des lyrischen Ichs ist an der Front gekennzeichnet durch Ohnmacht und Fremdbestimmung, wohingegen das „Kreisch[en]" (V. 2), „Peitsch[en]" (V. 3) sowie das blind und wild (vgl. V. 10) um sich „schlächter[nde] [...] Entsetzen" (V. 10) über Leben und Tod entscheiden.

Auch die Natur selbst kämpft ums Überleben, denn „[a]us allen Winkeln gellen Fürchte" (V. 1) und die „Himmel [zer-]fetzen" (V. 9). Diese wortgewaltigen Metaphern lassen den Leser das unvorstellbare Ausmaß der Zerstörung zumindest ansatzweise erahnen.

Stramms Lyrik ist zur Zeit der Jahrhundertwende überraschend und neu: Korrespondierend zum zeitgeschichtlichen Kontext ist sie geprägt von (wort-)gewaltigen onomatopoetischen Ausdrücken, Neologismen sowie Metaphern einerseits und Verstümmelungen andererseits – sowohl in Bezug auf das einzelne Wort, welches auf den bloßen Wortstamm reduziert wird, als auch auf die Syntax. Insbesondere durch seine „Technik des detonierenden Satzes, des wie ein Geschoss abgefeuerten Einzelworts"[4] hebt sich Stramm auch von anderen Expressionisten ab.

Die Sprachmontagen dieses Avantgardisten zeigen neue Ausdrucksformen in der Lyrik auf, um das unaussprechbare Grauen dieses ersten Maschinenkrieges in Worte zu fassen bzw. in angemessener Form zu verarbeiten, und markieren somit den Beginn der Moderne.

Um die Schülerinnen und Schüler an diesen komplexen Lerngegenstand heranzuführen, sollten sie die folgenden Aufgaben (vgl. **Schülerarbeitsheft**, S. 62f.) in Partnerarbeit bearbeiten:

---

[1] Auch hier verändert der Dichter das Wort, indem er das Präfix „ge-" ausspart.
[2] Die Verse 3 bis 8 ergeben sinngemäß folgenden Wortlaut: „Das Leben wird vor sich her in den keuchenden Tod gepeitscht."
[3] Koch, Manfred: Kriegserlebnis und Dichtung. Deutsche und englische Lyrik im Krieg. Neue Zürcher Zeitung vom 25. Januar 2014. Zitiert nach URL: www.nzz.ch/aktuell/feuilleton/literatur-und-kunst/kriegserlebnis-und-dichtung-1.18228415 (Abrufdatum: 19.10.2014)
[4] Ebd.

- *Klären Sie zunächst den Inhalt des expressionistischen Gedichts „Sturmangriff", indem Sie versuchen, es in die Alltagssprache zu „übersetzen".*
- *Lesen Sie den theoretischen Text zu August Stramms Lyrik und analysieren Sie das vorliegende Gedicht im Hinblick darauf, inwiefern sich die für den Dichter typischen sprachlichen Phänomene identifizieren lassen. Legen Sie zuvor eine Tabelle an.*
- *Entscheiden Sie sich für ein Thema Ihrer Wahl (z. B. Straßenkreuzung) und verfassen Sie ein eigenes Gedicht im Stil August Stramms.*

Das Ergebnis der ersten Aufgabe (Aufgabe 1 auf S. 62 im Arbeitsheft) könnte in etwa wie folgt lauten und sollte als Hilfestellung für die weitere Textanalyse als Wandplakat oder als Folie visualisiert werden:

Sturmangriff – ein Übersetzungsversuch

Aus allen Winkeln gellt die Furcht. Die Soldaten wollen.
Kreischen!
Das Leben wird vor sich her
in den keuchenden Tod gepeitscht.
Die Himmel sind zerfetzt.
Das Entsetzen schlachtet blind und wild um sich.

Die Ergebnisse der nächsten Aufgabe (Aufgabe 1 auf S. 63 im Arbeitsheft) hingegen können zu folgendem Tafelbild zusammengefasst werden:

August Stramm: Sturmangriff (1920)

Inhalt
- Sturmangriff versetzt lyrisches Ich in Angst und Schrecken (vgl. V. 1)
- Darstellung eines apokalyptischen Kriegsszenarios
  - Zerstörung der Natur: „Die Himmel [zer-]fetzen" (V. 9)
  - ohnmächtiges Warten der Frontsoldaten auf den Tod: „Blinde schlächtert wildum das Entsetzen" (V. 10)

sprachliche Besonderheiten
- Verstümmelung der Sprache
  - Wort: Auslassung von Prä- bzw. Suffix wie „Kreisch" (V. 2), „Peitscht" (V. 3)
  - Satz: Reduktion auf Einwort-Verse (vgl. V. 2 f., V. 5 ff.), Inversionen (vgl. V. 3 bis 8), fehlende Interpunktion
  ➡ Technik des „detonierenden Satzes"
- Neologismen: ungebräuchliche Wortzusammensetzungen wie „wildum" (V. 10)
- Onomatopoesie: „Kreisch" (V. 2), „Peitscht" (V. 3)
- Personifikationen: passives „Leben" (vgl. V. 4 ff.) vs. Tod bringendes „Entsetzen" (V. 10)

neue Ausdrucksformen in der Lyrik, um das unaussprechbare Grauen des Ersten Weltkrieges in angemessener Form zu verarbeiten

4.2.2 Der Dadaist Hugo Ball

Als zweites Sprachexperiment der Moderne soll Hugo Balls dadaistisches Lautgedicht „Karawane" (1917) (vgl. **Schülerarbeitsheft**, S. 64) analysiert und interpretiert werden:
Beim Lesen oder Hören des Gedichts sieht der Rezipient unwillkürlich eine Elefantenkarawane vor dem inneren Auge vorüberziehen. Vor dem Hintergrund, dass der Dichter lediglich im Titel ein deutsches Wort und ansonsten ausschließlich bis zur Unkenntlichkeit verfremdete Worte gebraucht, ist zu analysieren, mit welchen sprachlichen Mitteln es ihm gelingt, diese Assoziationen zu wecken.

Auffällig sind neben dem Titel „Karawane", welcher den Rezipienten bereits in die gewünschte Richtung lenkt, insbesondere Schlüsselwörter wie „jolifanto" (V. 1), das dem deutschen Wort „Elefant" entlehnt ist, sowie „grossiga" (V. 2) und „russula" (V. 4), die das Tier mit den charakteristischen Merkmalen „groß" und „Rüssel" näher beschreiben.

Hat das Bild von einer Elefantenkarawane erst einmal Gestalt angenommen, lassen sich im Gedicht weitere Neologismen ausmachen, welche diesen ersten Eindruck bestätigen: Mit sprachlichen Ausdrücken wie „anlogo bung/blago bung/blago bung" (V. 6 ff.), welche nicht nur die dunkel klingenden Vokale „a", „o" und „u", sondern auch die Epipher „bung" enthalten, wird etwa der schwerfällige und monotone Gang der Elefanten lautmalerisch abgebildet. Der Vers „ü üü ü" (V. 10) ließe sich dann mit etwas Fantasie als das Trompeten der Elefanten interpretieren.

Obwohl das Gedicht aufgrund seiner Kunstworte entsprechend vieldeutig angelegt ist und somit nur wenige Ansatzpunkte für eine relativ gesicherte Interpretation erlaubt, fällt jedoch insgesamt die Häufung dunkler Vokale auf, wodurch das Bild behäbig dahintrottender Dickhäuter untermauert wird. Auch die eingestreuten Alliterationen („wulla wussa", V. 11) sowie Repetitionen in Phrasen wie „wulubu ssubudu uluw ssubudu" (V. 14) verleihen dem Gedicht etwas Rhythmisches und verstärken die Assoziation von gemächlich vorüberziehenden Tieren.

Diese Beobachtungen stehen im Kontrast zu den wenigen Versen wie etwa „hollaka hollala" (V. 5) und „hej tatta gôrem" (V. 12), welche aufgrund ihrer exotischeren Klangfarbe einerseits und des wohldosierten Einsatzes hell klingender Vokale andererseits an die Rufe von Elefantentreibern erinnern.[1]

Bei Betrachtung der sprachlichen Mittel in ihrer Gesamtheit, derer sich Ball in seinem Gedicht „Karawane" bedient, lassen sich vier Bedeutungsebenen identifizieren, welche, abgesehen von der ersten Ebene, ihre mehr oder weniger festgelegte Bedeutung immer erst vor dem Hintergrund der jeweils höheren Ebene erhalten und somit letztlich zu einer Festigung des Gesamtbildes beitragen (vgl. das folgende Tafelbild).[2]

Dieses Sprachexperiment unterscheidet sich hinsichtlich seines Aufbaus somit von konventioneller Lyrik, bei der sich die Bedeutung des Textes zumindest in Teilen bereits aus dem einzelnen Wort und dessen Kontext erschließt. Im Gegensatz hierzu ergibt sich die Bedeutung des von Ball verwendeten Zeichenvorrates erst in seiner bildlichen Gesamtheit. Jedes einzelne Element seiner Kunstsprache hingegen ist nicht sinnstiftend.

Die Aufgaben 1 und 2 sollten von den Schülerinnen und Schülern zunächst zusammen mit ihrem Sitznachbarn bearbeitet und besprochen werden, bevor mit Aufgabe 3 der Versuch unternommen wird, die sprachlichen Mittel zu analysieren, mit denen beim Rezipienten die inneren Bilder erzeugt werden (vgl. **Schülerarbeitsheft**, S. 64). Die im Folgenden exemplarisch angeführten Deutungshypothesen sind dabei als Anregung zu verstehen und sollen denkbare Richtungen aufzeigen, wie die evozierten Bilder von der Elefantenkarawane konkret aussehen könnten:

---

[1] Je nach Intonation, aber auch Imagination des jeweiligen Rezipienten lassen sich sicherlich weitere onomatopoetische Ausdrücke finden, allerdings ist die Bedeutungszuweisung nicht mehr unbedingt eindeutig.

[2] Vgl. Dieter, Jörg: Wie ein Kristall auf einem bunten Tisch. Ein didaktisches Modell zu Hugo Balls „Karawane". In: Stadt Pirmasens/Hugo-Ball-Gesellschaft (Hrsg.): Hugo Ball Almanach. Heft 23. Pirmasens 1999, S. 155 ff.

Die Elefanten ...
- ziehen mit ihrer Herde durch die afrikanische Savanne auf der Suche nach neuem Lebensraum, werden jedoch von den Ureinwohnern immer wieder vertrieben.
- leben mit den Menschen zusammen und unterstützen diese bei ihrer Arbeit in den Wäldern Südostasiens, indem sie den Transport und das Verladen geschlagener Bäume übernehmen.
- dienen im Krieg bei der Kavallerie und zertrampeln auf dem Schlachtfeld gegnerische Infanteristen.
- stehen symbolisch für die im Ersten Weltkrieg erstmalig zum Einsatz kommende schwere Artillerie in Gestalt von Panzern, die den Feind buchstäblich überrollen.
- sind aneinandergekettet, werden zur Arbeit angetrieben und versinnbildlichen somit ein fremdbestimmtes Leben in einer zunehmend kapitalistisch geprägten Gesellschaft um 1900.

■ *Lesen Sie Hugo Balls dadaistisches Lautgedicht „Karawane" und versuchen Sie, mit Ihrem Sitznachbarn den Inhalt zu klären.*
■ *Gestalten Sie gemeinsam einen Lesevortrag, bei dem Sie besonders auf entsprechende Betonungen achten sollten. Diskutieren Sie zudem, ob es sinnvoll ist, sich während der Rezitation im Raum zu bewegen.*
■ *Das Gedicht erzeugt beim Rezipienten bestimmte innere Bilder. Erläutern Sie, mit welchen sprachlichen Gestaltungsmitteln der Dichter diese Assoziationen weckt.*

Die Ergebnisse dieser Textanalyse können wie folgt zusammengefasst werden:

Hugo Ball: Karawane (1917)

Inhalt
Assoziationen von einer vorüberziehenden Elefantenkarawane
- behäbiger, monotoner Gang: „anlogo bung/blago bung/blago bung" (V. 6 ff.)
- Trompeten der Elefanten: „ü üü ü" (V. 10)
- Ruf der Treiber: „hej tatta gôrem" (V. 12)

sprachliche Besonderheiten
- Abstufungen im Bedeutungsgehalt des sprachlichen Ausdrucks (konkret ⇒ abstrakt)
  - 1. Ebene: unverfremdeter Titel „Karawane"
  - 2. Ebene: leicht verfremdete Ausdrücke wie „jolifanto" (V. 1), „grossiga" (V. 2) und „russula" (V. 4)
  - 3. Ebene: onomatopoetische Ausdrücke wie „blago bung" (V. 7 f.), „ü üü ü" (V. 10) und „hollaka hollala" (V. 5)
  - 4. Ebene: Häufungen dunkler (Elefanten) bzw. heller Vokale (Elefantentreiber)
- Sprache des Gedichts erschließt sich ausschließlich durch die bildliche Gesamtheit
  ➡ Deutungsoffenheit

Entwickeln einer eigenen Kunstsprache, die sich über jegliche (gesellschafts-)politische Interessen hinwegsetzt

Dada(-ismus) steht für die Zielsetzung einer Gruppe von Künstlern um die Jahrhundertwende, alle bisherigen Werte und Normen nicht nur zu hinterfragen, sondern zu zerstören – auch und vor allem in der Kunst. Die Kunst der Dada-Bewegung setzt auf einfache, willkürliche und meist zufallsgesteuerte Aktionen in Wort und Bild. Die Vertreter dieser Bewegung bestehen darauf, dass dadaistische Kunst nicht definierbar sei und sich jeglicher sinnstiftender Funktion entziehe.

Dies erklärt, weshalb auch Hugo Balls Gedicht „Karawane" – abgesehen von einer eher unspezifischen Assoziation von einer vorüberziehenden Elefantenkarawane – letztlich deutungsoffen bleibt und sich somit einer werkimmanenten Interpretation entzieht.

In einem zweiten Schritt sollen die Schülerinnen und Schüler die Hintergründe der auffälligen Darstellungsweise dadaistischer Lyrik nachvollziehen. Hierzu lesen Sie den Sachtext von Helmuth Kiesel „Der Dadaismus Hugo Balls" (vgl. **Schülerarbeitsheft**, S. 65).

Das Lautgedicht „Karawane" beinhaltet sowohl eine politische als auch eine kunstkritische Dimension. Kiesel stellt in diesem Zusammenhang fest, dass dieses Sprachexperiment als Versuch auszulegen ist, eine Kunstsprache zu schaffen, die sich über die nationalen, politischen Interessen, welche letztlich zum Ersten Weltkrieg geführt haben, hinwegsetzen.[1] Die sprachliche Abgrenzung zur deutschen Sprache ist folglich als Revolte gegen die Gesellschaft und deren Wertesystem zu begreifen.

Letzteres bildet zugleich den fließenden Übergang zur kunstkritischen Ebene des Textes, denn die von den Dadaisten durch konsequenten Irrationalismus proklamierte absolute Sinnlosigkeit in der Kunst findet sich auch in dem Gedicht „Karawane" wieder, indem sich der Text zwar einem konkreten Wortsinn verweigert, durch das Zusammenwirken mehrerer eigentlich voneinander losgelöster Elemente beim Rezipienten jedoch den Eindruck von einer Elefantenkarawane wachruft.

Die konkrete Ausgestaltung dieses assoziativen inneren Bildes wiederum ist individuell und hängt vom jeweiligen Rezipienten ab, was der Abgleich der Eindrücke der Schülerinnen und Schüler im Rahmen eines vorangegangenen Unterrichtsgesprächs (s. o.) bereits zutage fördern sollte.

- *Erläutern Sie die Funktion der auffälligen Darstellungsweise dadaistischer Lyrik mithilfe des vorliegenden Textes.*
- *Wählen Sie ein Thema und versuchen Sie, ein Lautgedicht mit den von Hugo Ball verwendeten sprachlichen Mitteln zu entwerfen.*

4.3 Versuche zur Überwindung der Sprachkrise um 1900

Sowohl bei August Stramm als auch bei Hugo Ball ist eine bewusste Abkehr von literaturhistorischen Traditionen festzustellen. Die beiden Avantgardisten der Lyrik versuchen, wenn auch in unterschiedlicher Weise, der Sprache eine neue Funktion zuzuweisen: Während Stramm dem einzelnen Wort eine besondere Bedeutung zuspricht und dementsprechende Strategien entwickelt (Wörter isolieren, verfremden, reduzieren und/oder ikonisch anordnen), um sein Vorhaben zu realisieren, löst sich Ball vollständig von dem bisherigen Zeichenvorrat, um allein durch Lautmalerei (Onomatopoesie) eine gänzlich neue Sprache zu kreieren.

Der folgende Arbeitsauftrag kann entweder arbeitsgleich oder arbeitsteilig realisiert werden:

- *Vergleichen Sie die Strategien beider Dichter zur Überwindung der Sprachkrise um 1900. Beziehen Sie auch die theoretischen Texte in Ihre Überlegungen ein.*

---

[1] Vgl. Kiesel, Helmuth: Geschichte der literarischen Moderne. Sprache, Ästhetik, Dichtung im zwanzigsten Jahrhundert. C. H. Beck Verlag. München 2004, S. 205 f.

Das Ergebnis dieser vergleichenden Analyse lässt sich wie folgt bündeln:

Versuche zur Überwindung der Sprachkrise um 1900

August Stramm	Hugo Ball

• Bedeutung einzelner Wörter verstärken
• Worte unmittelbar wirken lassen, indem sie
  – isoliert
  – verfremdet
  – reduziert und/oder
  – bildsprachlich angeordnet werden
• Wort- und Satzfetzen spiegeln optisch den thematischen Gegenstand
	• Lautmalerei als durchgängiges Stilmittel (dadaistisches Lautgedicht)
	• Gebrauch einer von gesellschaftlichen Konventionen losgelösten und daher „unbeschmutzten" Sprache
	(vgl. Nietzsches Schrift „Über Wahrheit und Lüge im außermoralischen Sinne")

Beide Dichter bedienen sich einer neuen Sprache, um die in Trümmern liegende Welt adäquat wiedergeben zu können.

Es sollte sich eine kritische Einschätzung dieser vielleicht nur vermeintlichen Überwindung der Sprachkrise um 1900 im Rahmen eines Unterrichtsgespräches anschließen, wobei es nicht auf die jeweilige Position der Schülerinnen und Schülern, sondern vielmehr auf eine schlüssige Argumentation ankommt:

> *Inwieweit erkennen Sie in den Gedichten von Stramm und Ball einen Versuch zur Überwindung der Sprachkrise um 1900? Warum (nicht)?*
> *Wie beurteilen Sie den Erfolg der jeweils gewählten Strategie?*
> *Was verlangt moderne Lyrik dem Leser eigentlich ab?*

Bei der Beurteilung der Strategien beider Dichter zur Überwindung der Sprachkrise um 1900 sollten die Schülerinnen und Schüler unter anderem nach ihrer Einschätzung zur Aktualität bzw. Zeitlosigkeit und zum Unterhaltungswert einer solchen Lyrik befragt werden. Insbesondere mit Blick auf Hugo Balls Lautgedicht „Karawane" ist zudem kritisch zu hinterfragen, ob und inwieweit eine Kunstsprache ihren eigentlichen Zweck, nämlich die Verständigung zwischen Sender und Empfänger, überhaupt zu erfüllen vermag.

Um diese Frage differenziert beantworten zu können, erscheint es hilfreich, den Schülerinnen und Schülern einige wichtige Hintergrundinformationen zu geben. In seinem Tagebucheintrag vom 24. Juni 1916 erläutert der Dichter seine Intention, die er mit dem Verfassen dieses und anderer Lautgedichte verfolgt.

Dieses Zeitdokument kann mithilfe einer Folie visualisiert werden:

Zur Intention von Hugo Balls dadaistischen Lautgedichten

Tagebucheintrag vom 24. Juni 1916:
Vor den Versen hatte ich einige programmatische Worte verlesen. Man verzichte mit dieser Art Klanggedichte in Bausch und Bogen auf die unmöglich gewordene Sprache. Man ziehe sich in die innerste Alchimie des Wortes zurück, man gebe auch das Wort noch preis und bewahre so der Dichtung ihren letzten heiligsten Bezirk. Man verzichte darauf, aus zweiter Hand zu dichten: nämlich Worte zu übernehmen (von Sätzen ganz zu schweigen), die man nicht funkelnagelneu für den eigenen Gebrauch erfunden habe.

Ball, Hugo: Die Flucht aus der Zeit. Josef Stocker Verlag. Luzern 1946, S. 100f.

Bei seinem Vorhaben, durch den Dadaismus in das heilige Innere der Dinge vorzudringen, das hinter den Worten liegt, scheitert Hugo Ball jedoch immer wieder wie auch bei dem Gedicht „Karawane", bis er sich schließlich enttäuscht der Welt der Mystik zuwendet.

■ *Warum muss ein solcher Versuch, eine Sprache nur für den eigenen Gebrauch zu erfinden, scheitern?*

Sprache ist kein individuelles, sondern vielmehr ein gesellschaftliches Medium zur Kommunikation, weshalb es von einem Einzelnen nur im kontinuierlichen Austausch mit anderen entwickelt werden kann. Jede Sprache hat darüber hinaus eine geschichtliche Dimension, denn im ständigen Austausch der Sprecher unterliegt sie einem stetigen Wandel (vgl. Trampelpfad-Theorie nach Rudi Keller[1]), was die Komplexität zwischenmenschlicher Verständigung zusätzlich erhöht.

Darüber hinaus erhalten sprachliche Äußerungen ihren Sinn oftmals erst dadurch, dass sie in Beziehung zu Äußerungen anderer stehen, wogegen sich Ball erfolglos zu wehren versucht: „Auf die Verbindung kommt es an, und dass sie vorher ein bisschen unterbrochen wird. Ich will keine Worte, die andere erfunden haben. Alle Worte haben andere erfunden."[2] Allerdings gelingt es ihm weder in „Karawane" noch in den übrigen von ihm verfassten Lautgedichten, zum vermeintlichen Herzen der Worte vorzudringen; denn das dadaistische Lautgedicht lebt gerade von seinen Bezügen auf die „vermaledeite [deutsche] Sprache, an der Schmutz klebt", ohne die es „jeden Reiz verlieren"[3] würde.

---

[1] Rudi Keller (geb. 1942) ist ein deutscher Sprachwissenschaftler, zu dessen Forschungsgebieten unter anderem der Wandel zählt. In seinem Hauptwerk „Sprachwandel. Von der unsichtbaren Hand in der Sprache" legt er seine Theorie, wie das Phänomen des Wandels der deutschen Sprache zu erklären ist, umfassend dar. An anderer Stelle wählt er die Metapher des Trampelpfads, um die Ursachen des Sprachwandels zu veranschaulichen.

[2] Schlichting, Hans Burkhard (Hrsg.): Hugo Ball: Der Künstler und die Zeitkrankheit. Ausgewählte Schriften. Suhrkamp Verlag. Frankfurt am Main 1988, S. 40.

[3] Ebd.

Baustein 5

Produktiver Umgang mit Lyrik

In diesem Baustein sollen vornehmlich gestaltende Verfahren zur Erschließung von Gedichten genutzt werden, indem die Schülerinnen und Schüler etwa einen epischen Text zu einem lyrischen verdichten (vgl. Abschnitt 5.1), ein Gedicht selbst verfassen und sinngestaltend performen (vgl. Abschnitt 5.2) oder ein Gedicht verfilmen (vgl. Abschnitt 5.3).

5.1 Kreatives Schreiben: Einen epischen Text zu einem lyrischen Text verdichten

Dieser Abschnitt ist dafür vorgesehen, dass sich die Schülerinnen und Schüler mit der Verdichtung ein ganz zentrales Gestaltungselement lyrischer Texte in experimentell-spielerischer Weise vergegenwärtigen. Hierfür erhalten sie den Beginn der Erzählung „Die Verwandlung" (1912) von Franz Kafka (vgl. **Schülerarbeitsheft**, S. 67f.), der in einen lyrischen Text umgeschrieben werden soll.
Mithilfe der folgenden Arbeitsanweisungen kann die Gruppenarbeit initiiert werden:

- *Bilden Sie eine Kleingruppe und tauschen Sie sich über Gregor Samsas Situation und seine Haltung hierzu aus.*
- *Notieren Sie Wörter und/oder Satzteile aus dem inneren Monolog Gregor Samsas, welche Ihnen gedichttauglich erscheinen, auf Papierstreifen.*
- *Montieren Sie die ausgewählten Textteile zu einem Gedicht, welches auch ohne Kenntnis des Ausgangstextes einen Sinn ergibt. Sie müssen dabei nicht zwingend alle Papierstreifen verwenden, jedoch sollten Sie darauf achten, dass das lyrische Ich Ähnlichkeit mit der Figur Gregor Samsa hat.*
- *Halten Sie das fertig geordnete Gedicht auf einem gesonderten Blatt schriftlich fest.*

5.2 Poetry-Slam: Ein Gedicht performen

Im Rahmen eines Poetry-Slams sollen die Schülerinnen und Schüler ihre Gedanken zum Thema „Was ist der Mensch? – Lebensfragen und Sinnentwürfe" äußern, die sie während der Unterrichtsreihe beschäftigt haben. Hierfür verfassen sie lyrische Slam-Texte in ihrer eigenen Sprache, die sie anschließend auf die (Theater-)Bühne bringen. Die einzelnen Kunstwerke werden gegenseitig beurteilt, der Sieger der „Dichterschlacht" wird bekannt gegeben und geehrt.[1] Letzteres soll zugleich die Motivation der Lernenden fördern, sich nochmals intensiv mit dem Kursthema auseinanderzusetzen.

---

[1] Nähere Informationen zum Poetry Slam sind im Internet unter www.arte.tv/de/Kultur-entdecken/Poetry-Slam/Poetry-Slam-von--A-Z-/1773528,CmC=1763232.html (Abrufdatum: 20.10.2014) zu finden.

Je nachdem, wie viel Raum der Poetry-Slam einnehmen soll, ist es sinnvoll, die Schülerinnen und Schüler an der Planung zu beteiligen, indem entsprechende Teams gebildet werden, die für bestimmte Bereiche (Ablauf, Räumlichkeiten, Musik usw.) zuständig sind. Eine Checkliste für die Organisation dieses Wettstreites ist dem **Zusatzmaterial 7** (S. 125 in diesem Unterrichtsmodell) zu entnehmen, während entsprechende Hilfestellungen für den eigentlichen produktiven Schreibauftrag das **Schülerarbeitsheft** (S. 69) bereithält.

> *Verfassen Sie einen lyrischen Slam-Text zum Thema „Was ist der Mensch? – Lebensfragen und Sinnentwürfe" und lernen Sie diesen möglichst auswendig. Planen Sie zudem Ihre Live-Performance einschließlich der Begrüßung des Publikums und des Bühnenabgangs.*

Als Anregung enthält das **Schülerarbeitsheft** (S. 69 f.) zudem einen lyrischen Slam-Text von Bas Böttcher. Seine „Liebeserklärung an eine Chinesin" (2010) erinnert dabei an Hugo Balls dadaistische Lautgedichte, was die Schülerinnen und Schüler mithilfe folgender Aufgabenstellungen erkennen sollen:

> *Schauen Sie sich den Beitrag im Internet an.*
> *Erinnern Sie sich an die bereits behandelten lyrischen Texte und notieren Sie stichwortartig, woran Sie die Darstellungsweise von Bas Böttcher erinnert.*

Im Rahmen des Poetry-Slams sollten die Kursteilnehmer die Kriterien für die spätere Bewertung ihrer Live-Auftritte idealtypischerweise gemeinsam festlegen. Sofern dies aus zeitlichen und/oder organisatorischen Gründen nicht erfolgen kann, enthält das **Arbeitsblatt 4** (S. 89 in diesem Modell) einen möglichen Vorschlag zur Bewertung der jeweiligen Performance.
Die Beurteilung wiederum schafft vielfältige Anlässe für eine Anschlusskommunikation über die persönliche Einschätzung des Themas und etwaige Schwierigkeiten bei der schauspielerischen Umsetzung des Slam-Textes usw. Gleichzeitig stellt auch die Bewertung der Darbietungen der „Slammer" eine Einführung in den Bereich der Literaturkritik dar.

5.3 Filmprojekt: Ein Gedicht verfilmen

5.3.1 Die Projektarbeit planen und durchführen

Eine vertiefende Auseinandersetzung mit einzelnen Gedichten zum Thema „Was ist der Mensch? – Lebensfragen und Sinnentwürfe" (vgl. Baustein 3) kann alternativ in Form einer Lyrikverfilmung erfolgen. Analog zu Ralf Schmerbergs Filmprojekt „Poem"[1], in welchem er deutschsprachige Lyrik in bewegte Bilder mit renommierten Schauspielerinnen und Schauspielern umsetzt, sollen auch die Lernenden in die Situation versetzt werden, ausgewählten Gedichten ein „Gesicht" zu geben.
Sofern die Schülerinnen und Schüler keine Erfahrungen mit Lyrikverfilmungen haben, sollten ihnen exemplarisch Beispiele aus Schmerbergs Werk gezeigt und es sollten die unterschiedlichen Kategorien – Rezitation, Inszenierung von Einzelbildern bzw. Sequenzen sowie komplexe Kontextualisierung[2] – einschließlich des jeweiligen interpretatorischen Spielraums herausgearbeitet werden (vgl. **Zusatzmaterial 8**, S. 126 in diesem Modell).

---

[1] Schmerberg, Ralf: Poem. Ich setzte den Fuß in die Luft und sie trug. Lingua Video. Bonn 2004
[2] Vgl. Hesse, Matthias/Krommer, Axel/Müller, Julia: „Poem" – Lyrikverfilmungen als Impuls für den Deutschunterricht. In: Westermann Verlag (Hrsg.): Deutschunterricht. Heft 3. Juni 2005. Braunschweig 2005, S. 45 ff.

Um die Kursteilnehmer inhaltlich an das Thema „Filmproduktion" heranzuführen, bieten sich methodisch zum einen das Brainstorming bzw. die Kartenabfrage und zum anderen die (Internet-)Recherche zu folgenden Fragestellungen an:

> ■ *Welche Schritte sind von der Idee zum fertigen Film im Einzelnen erforderlich? Worüber müssen wir uns vorab informieren, um ein Gedicht verfilmen zu können?*

Die Ergebnisse können in folgendes Wandplakat münden:

**Projektskizzierung:
Von der Idee zur fertigen Verfilmung des Gedichtes**

1. Schritt: Das Drehbuch
- schriftliche Textvorlage für den Regisseur
- enthält eine genaue Beschreibung jeder einzelnen Szene
  - Handlungsort (z. B. Wiese; innen/außen)
  - Tageszeit (Morgen/Tag/Abend/Nacht)
  - Vortragsweise des Textes (z. B. dialogische Form, melancholischer Ausdruck)
  - Geräusche
  - Musik
  - Requisiten
  - …
- ggf. Ergänzung durch ein Storyboard, d. h. Skizzierung einzelner Einstellungen
  - Einstellungsgrößen: Detail, Groß, Nah, Amerikanisch, Totale, Weit usw.
  - Kameraperspektiven: Normalsicht, Vogelperspektive, Froschperspektive
  - Kamerabewegungen: Kamerafahrt, Schwenk, Zoom
  - …

2. Schritt: Die Dreharbeiten am Film-Set
- Drehplan erstellen
  - Auswahl geeigneter Drehorte
  - Drehtage festlegen (Datum, Tageszeit)
  - Zusammenstellen der Technik und der Requisiten
- Verteilung der Rollen und der Aufgaben des Filmteams (Regie, Kameraführung, Beleuchtung, Ton usw.)
- Unterweisung der Schauspieler und der Filmteams

3. Schritt: Der Filmschnitt und die Nachvertonung am Computer
- Kamerafehler bereinigen
- Einstellungen kürzen, neu montieren usw.
- Musik unterlegen

Mithilfe dieses Wandplakates legen die Schülerinnen und Schüler mit der Lehrkraft gemeinsam das Ziel dieses Projektes fest (Projektskizzierung)[1] und terminieren dessen Abschluss. Das Wandplakat sollte während der gesamten Projektarbeit im Klassenraum hängen, da es nicht nur die gemeinsame Zielvereinbarung aller Teilnehmer enthält, sondern den Projektteams zugleich als „roter Faden" dient.

---

[1] Sofern für die eigentliche filmische Umsetzung nicht genügend Zeit zur Verfügung steht, kann dieses Ziel auch das fertiggestellte Drehbuch (gegebenenfalls mit Storyboard) zu einem selbst ausgewählten Gedicht sein.

Um den Schülerinnen und Schülern den Zugang zur praktischen Filmarbeit zu erleichtern, bietet es sich an, die Verfilmung des Gedichts in Form eines „Handyfilms" zu realisieren, zumal im Zeitalter des Smartphones (bzw. Tablet-PCs) fast jeder Lernende seine Kamera automatisch dabei hat – ein Vorteil, der verstärkt für individualisierten und kreativen (Literatur-)Unterricht genutzt werden sollte.

Im „Portal Medienbildung" des NLQ[1] finden sich zudem leicht verständliche Anleitungen zur Filmbearbeitung (Nachvertonung, Filmschnitt usw.) mithilfe der App „iMovie" für iPhones bzw. iPads als PDF-Dateien, welche kostenlos heruntergeladen werden können.

Der komplexe Arbeitsauftrag für die Gruppenarbeit (vgl. **Schülerarbeitsheft**, S. 72) kann zusätzlich mithilfe eines Wandplakates oder einer Folie für den Verlauf der Projektes visualisiert werden:

- *Wählen Sie einen lyrischen Text aus, bei dem Sie gleich auf Anhieb Bilder vor Ihrem geistigen Auge sehen und den Sie auch bei näherer Betrachtung noch für eine Verfilmung für geeignet halten.*
- *Verfilmen Sie Ihr Gedicht, indem Sie ...*
  - *eine genaue Vorstellung vom Handlungsort (Schauplatz, Requisiten usw.) entwickeln,*
  - *den Vortrag des Gedichts einüben (Rhetorik, Körpersprache[2] usw.),*
  - *die Körperhaltungen und physische Handlung der gegebenenfalls darzustellenden Figuren festlegen,*
  - *die Interaktionen der handelnden Figuren planen,*
  - *den Einsatz filmsprachlicher Mittel (Kameraführung, Beleuchtung, Ton usw.) planen,*
  - *die Szene mithilfe Ihres Smartphones (bzw. Tablet-PCs) und einer geeigneten App filmen und*
  - *das gespeicherte Projekt entsprechend nachbearbeiten (Filmschnitt, Nachvertonung usw.).*
- *Bereiten Sie sich auf die Präsentation Ihrer Gedichtverfilmung vor, indem Sie Ihre wesentlichen gestalterischen Entscheidungen begründen.*

Das endgültige Handlungsprodukt, die Gedichtverfilmung, sollte abschließend präsentiert und im Hinblick auf die Wirkung der jeweils verwendeten Elemente des Films (Schnitt- bzw. Montagetechniken[3], Beleuchtungs- und Toneffekte usw.) überprüft werden (vgl. **Arbeitsblatt 5**, S. 90 in diesem Modell).

- *Schauen Sie sich die von Ihren Mitschülerinnen und Mitschülern produzierte Gedichtverfilmung an und notieren Sie dabei stichwortartig Ihre Fragen, Eindrücke sowie sonstigen Beobachtungen zu den angegebenen Kriterien.*

5.3.2 Die filmsprachlichen Mittel praktisch erproben

Als Vorbereitung auf die Dreharbeiten des eigentlichen Filmprojektes, welche aufgrund der erforderlichen Suche nach einem geeigneten Set, der festgelegten Tageszeit usw. sinnvollerweise außerhalb der regulären Unterrichtszeit erfolgen sollten, empfiehlt es sich zudem, einen Lernzirkel zwischenzuschalten, bei dem die Schülerinnen und Schüler ausgewählte

---

[1] **N**iedersächsisches **L**andesinstitut für schulische **Q**ualitätsentwicklung: Handyfilme. URL: www.nibis.de/nibis.php?menid=5766 (Abrufdatum: 20.10.2014)

[2] Die Körpersprache (Mimik, Gestik, Körperhaltung) entfällt entsprechend, wenn sich Arbeitsgruppen für eine Stimme aus dem Off entscheiden.

[3] Um die Schülerinnen und Schüler in technischer Hinsicht nicht zu überfordern, sollte in der letzten Phase der Filmproduktion, nämlich der Nachbearbeitung des Filmmaterials am Computer, auf einfachste Videoschnittprogramme zurückgegriffen werden. Diese können zudem teilweise kostenlos im Internet bezogen werden.

Filmtechniken und Spezialeffekte im Hinblick auf Kameraführung, Beleuchtung, Ton und Filmschnitt praktisch erproben,[1] um diese Erfahrungen bei der weiteren Planung berücksichtigen zu können.

Um gegenseitige Störungen der Gruppen untereinander zu vermeiden, ist der Lernzirkel in der Weise zu organisieren, dass möglichst alle fünf Stationen – insbesondere diejenigen, welche Übungen zu Ton- und Beleuchtungseffekten zum Gegenstand haben – in gesonderten Klassenräumen aufgebaut werden.

Für die jeweiligen Stationen werden folgende Materialien benötigt, welche die Lehrkraft im Vorwege bereitstellen muss:[2]

Station 1 „Kameraführung (1)":	Videokamera, Scheren, Klebstifte, DIN-A3-Papier, **Arbeitsblatt 6a** (S. 92 im Unterrichtsmodell)
Station 2 „Kameraführung (2)":	Videokamera, rollender Stuhl, Stativ, **Arbeitsblatt 6b** (S. 95 im Modell)
Station 3 „Beleuchtung":	großer Spiegel, 2 Scheinwerfer (alternativ: leistungsfähige Taschenlampen), schwarzes Isolierband, **Arbeitsblatt 6c** (S. 97 im Modell)
Station 4 „Ton":	CD-Player (alternativ: Notebook), CD mit ausgewählten (Film-)Musikbeispielen, Standbilder („Frames") aus Filmen (alternativ: Postkarten, Fotos, Bilder aus Illustrierten usw.),[3] <u>diverse Alltagsgegenstände:</u> Zucker, Papier, 2 Kokosnusshälften, 30 cm langes Plastiklineal, Gabel, Teller, Besteck, alter Kochtopf, Kleiderbürste, Stoff oder Pappe, Pergamentpapier, Reis, Pappschachtel, Blechdose, dickes und möglichst großformatiges Buch, **Arbeitsblatt 6d** (S. 98 im Modell)
Station 5 „Filmschnitt":	DVD-Player, DVD mit zwei ausgewählten (aktuellen) Werbespots,[4] Stoppuhr, **Arbeitsblatt 6e** (S. 99 im Modell)

Innerhalb von 90 bis 120 Minuten bearbeiten die Schülerinnen und Schüler in Gruppen mit maximal fünf Teilnehmern die jeweiligen Lernstationen selbstständig in der von ihnen festgelegten Reihenfolge (vgl. **Arbeitsblätter 6a–6e**)[5] und notieren ihre Beobachtungen zu den verschiedenen „Experimenten" stichwortartig.

Lediglich an der vierten Station „Ton" ist unter Umständen ein wenig Hilfestellung erforderlich, da das Gelingen des Experiments, mit den angegebenen Alltagsgegenständen ganz bestimmte Geräusche zu erzeugen, wesentlich von der „richtigen" Technik (Rhythmus, Lautstärke usw.) abhängt. Hier sollte die Lehrkraft entsprechende Denkanstöße geben. Nützlich ist hierbei zudem der Hinweis, die Augen zu schließen, während ein Gruppenmitglied die unterschiedlichen Geräusche vorführt.

---

[1] Vgl. Bauer, Roland: Lernen an Stationen. Neue Möglichkeiten schülerbezogenen und handlungsorientierten Lernens. In: Julius GmbH & Co. KG Beltz (Hrsg.), Pädagogik. Praktikanten, Referendare und Mentoren. Heft 7–8/98. Beltz Verlag. Basel und Weinheim 1998, S. 103 f.

[2] Die Aufgabenstellungen an den jeweiligen Stationen dieses Lernzirkels erfolgten in Anlehnung an Böhm, Karin/Petilliot-Becker, Ilse: Lernen an Stationen in der Sekundarstufe I. Themenheft: Rund um den Film. Cornelsen Verlag Scriptor. Berlin 1997

[3] Bei der Auswahl der Bilder und Musikbeispiele (Spiellänge jeweils ca. 30 Sek.) ist darauf zu achten, dass unterschiedliche Stimmungen (romantisch, spannend, traurig/tragisch, heiter/komisch, gefährlich usw.) vertreten sind.

[4] Bei der Auswahl der Werbespots ist darauf zu achten, dass einer sehr kurze Einstellungen und viele Short Cuts aufweist, weshalb bei dem Betrachter ein hohes Erzähltempo entsteht (wie etwa im Film „Lola rennt"), während der andere Werbespot entsprechend längere Einstellungen und vergleichsweise wenige Short Cuts beinhalten sollte und hierdurch mehr Ruhe ausgestrahlt wird. Darüber hinaus sollten beide Werbespots im Sinne der besseren Vergleichbarkeit in etwa gleich lang sein.

[5] Aufgrund des Umfangs der von den Schülerinnen und Schülern selbsttätig durchzuführenden „Experimente" an den einzelnen Stationen wird an dieser Stelle auf die Dokumentation der einzelnen Aufgabenstellungen verzichtet.

Nach der Bearbeitung der jeweiligen Stationen haben die Lernenden zudem die Gelegenheit, ihre Ergebnisse mit den Vorschlägen auf dem Lösungsbogen (vgl. **Arbeitsblatt 7**, S. 100 im Modell) abzugleichen.

Im Anschluss an den Lernzirkel sollten die Erfahrungen der Schülerinnen und Schüler im Unterrichtsgespräch ausgetauscht und es sollte die Unterrichtsmethode kritisch reflektiert werden. Im Zentrum dieser Auswertung sollten insbesondere folgende Lehrerimpulse stehen:

- *Wie hat Ihnen die eigenständige Arbeitsweise an verschiedenen Stationen zum Thema „Elemente des Films" gefallen?*
- *Für welche weiteren Unterrichtsthemen können Sie sich den Einsatz dieser Unterrichtsmethode vorstellen?*
- *Haben Sie durch diesen Lernzirkel nützliche Anregungen für Ihre Gedichtverfilmung gewonnen? Warum (nicht)?*
- *Wie wollen Sie diesbezüglich weiter vorgehen?*

Auf dieser Grundlage werden gemeinsam Leitlinien formuliert, die zum eigentlichen Filmprojekt, der Verfilmung ausgewählter Gedichte, hinführen sollen und somit lediglich bei Bedarf schriftlich am Wandplakat zu fixieren sind:

> **Weiteres Vorgehen bei der Verfilmung des ausgewählten Gedichts**
> - Ergänzung des Drehbuches
>   - Hinweise zu Kamerabewegungen, Beleuchtung usw. einfügen
>   - Storyboard erstellen: Skizzierung der wesentlichen Einstellungen (Einstellungsgröße, Kameraperspektive)
>   - …
> - Suche eines geeigneten Film-Sets und Gestaltung dessen
> - Rollen (Schauspieler, Kameramann/-frau, Beleuchter usw.) verteilen
> - …

Alternativ können die Schülerinnen und Schüler in Form einer Vorübung an die praktische Filmarbeit herangeführt werden: Mithilfe der Produktion eines sogenannten „08/15-Films" sollen die Kursteilnehmer in die Lage versetzt werden, eine kurze Handlung filmisch zu erzählen, wobei ihnen lediglich **8** Einstellungen und eine Spielzeit von **15** Sekunden zur Verfügung stehen (vgl. **Zusatzmaterial 9**, S. 127 im Modell). Diese extrem reduzierte Einstiegsaufgabe, welche den Fokus allein auf die Einstellungsgrößen und die Montage der Einstellungen richtet, ermöglicht es den Lernenden, ohne allzu großen Aufwand und in einem engen Zeitrahmen (max. zwei Doppelstunden) zu ersten vorzeigbaren Ergebnissen zu gelangen.

Die erforderlichen Vorkenntnisse sind dabei gering: So reicht es vollkommen aus, wenn die Schülerinnen und Schüler eine kurze Einführung in die gängigen acht Einstellungsgrößen erhalten. Hierfür bietet sich die Bearbeitung der Aufgabe 1 aus der ersten Station des Lernzirkels (vgl. **Arbeitsblattes 6a**, S. 92 im Modell) in besonderem Maße an.

Bewertungsbogen für die Performance der Live-Poeten („Slammer")

Inhalt
(Thema und dessen Umsetzung, Bezug zum Drama, inhaltliche Höhepunkte, Stimmung dem Inhalt angemessen usw.)

sehr schlecht ☐0 ☐1 ☐2 ☐3 ☐4 ☐5 ☐6 ☐7 ☐8 ☐9 ☐10 sehr gut

Bemerkungen: _____
_____

Sprache
(Artikulation, Rhythmus, Klang, Lautstärke, Betonung, wirkungsvolle Sprechpausen, Aufbau von Spannung usw.)

sehr schlecht ☐0 ☐1 ☐2 ☐3 ☐4 ☐5 ☐6 ☐7 ☐8 ☐9 ☐10 sehr gut

Bemerkungen: _____
_____

Körpersprache
(Mimik, Gestik und Körperhaltung angemessen, Blickkontakt, sicheres Bewegen auf der Bühne usw.)

sehr schlecht ☐0 ☐1 ☐2 ☐3 ☐4 ☐5 ☐6 ☐7 ☐8 ☐9 ☐10 sehr gut

Bemerkungen: _____
_____

Performance insgesamt
(frei und ohne Fehler, Originalität, Einbeziehen des Publikums, Einhaltung der Slam-Regeln usw.)

sehr schlecht ☐0 ☐1 ☐2 ☐3 ☐4 ☐5 ☐6 ☐7 ☐8 ☐9 ☐10 sehr gut

Bemerkungen: _____
_____

Gesamtpunktzahl: _____ Punkte von max. 40

Platzierung: _____

Beobachtungsbogen zu den selbst verfilmten Gedichten

Bild

Bildinhalt:

	++	+	−	−−	
• sinnvolle Unterstützung der literarischen Vorlage durch stimmungsvolle Hintergrundbilder (Location)	☐	☐	☐	☐	keine sinnvolle Unterstützung der literarischen Vorlage durch Hintergrundbilder
• angemessene Wahl und Ausstattung des Sets (Raum, Requisiten, Kostüme usw.)	☐	☐	☐	☐	unangemessene Wahl und Ausstattung des Sets

Bildgestaltung:

	++	+	−	−−	
• geeignete Wahl der Bildausschnitte (Kadrierung)	☐	☐	☐	☐	nicht geeignete Wahl der Bildausschnitte
• angemessene und abwechslungsreiche Kameraführung (Kamerabewegungen, Einstellungsgrößen, Perspektiven)	☐	☐	☐	☐	unangemessene und nicht abwechslungsreiche Kameraführung
• angemessene und aussagekräftige Beleuchtung und Farbgestaltung	☐	☐	☐	☐	unangemessene und nicht aussagekräftige Beleuchtung und Farbgestaltung

Bemerkungen: _____

_____

_____

_____

Ton

	++	+	−	−−	
• angemessener Vortrag des Gedichts (Artikulation, Rhythmus, Lautstärke, Betonung, Sprechpausen usw.)	☐	☐	☐	☐	unangemessener oder wenig abwechslungsreicher Vortrag
• zur Atmosphäre der Szene passend gewählte Musik und Geräusche (Atmo)	☐	☐	☐	☐	zur Atmosphäre der Szene nicht passend gewählte Musik und Geräusche

Bemerkungen: _____

_____

_____

_____

Filmschnitt

Kriterium	++	+	−	−−	Gegenteil
• überzeugende Einstellungs- und Szenenwechsel (harte Schnitte, Blenden usw.)	☐	☐	☐	☐	nicht überzeugende Einstellungs- und Szenenwechsel
• angemessene Länge der einzelnen Einstellungen	☐	☐	☐	☐	angemessene Länge der einzelnen Einstellungen
• sinnvolle und sachlogische Montage der einzelnen Einstellungen	☐	☐	☐	☐	keine sinnvolle und sachlogische Montage der einzelnen Einstellungen

Bemerkungen: _____

_____

_____

_____

_____

■ *Schauen Sie sich die von Ihren Mitschülerinnen und Mitschülern produzierte Gedichtverfilmung an und notieren Sie dabei stichwortartig Ihre Fragen, Eindrücke sowie sonstigen Beobachtungen zu den angegebenen Kriterien.*

Lernzirkel „Elemente des Films"

Station 1: Kameraführung (1)

Einstellungsgröße und Perspektive

Die *Einstellungsgröße* ist die klassische Einheit für die Bildgestaltung. Sie definiert die Nähe bzw. Distanz des Betrachters zum abzubildenden Objekt und selektiert auf diese Weise zugleich, was dieser sehen soll und was nicht. In der Fotografie, wie auch in der Filmkameratechnik, werden die möglichen Bildausschnitte in acht Einstellungsgrößen (Detail, Groß, Nah, Halbnah, Amerikanisch, Halbtotale, Totale und Weit) unterteilt, die von der Größe des menschlichen Körpers abgeleitet sind.

Neben den unterschiedlichen Einstellungsgrößen beeinflusst die Wahl der *Perspektive* maßgeblich die Wirkung des Bildausschnittes. Unter Perspektive wird der Standpunkt des Betrachters verstanden, wie „normal", „oben", „unten" oder „schräg". Zusammen mit der Blickrichtung, wie „von vorn", „von hinten", „seitlich", und der variablen Einstellungsgröße formt die Perspektive die innere Beziehung zwischen dem Betrachter und dem Objekt.

Das macht die Faszination des Mediums Film aus, dass die Bildwirkung je nach Standpunkt des Betrachters und dessen Bildausschnitt sehr unterschiedlich sein kann. Durch Verzerrung der gewohnten Betrachtungsweise von ganz normalen Objekten können völlig neue und ungewohnte Eindrücke entstehen. Objekte können dabei bewusst übertrieben, verzeichnet oder entstellt dargestellt werden.

In Anlehnung an: Schellmann, Bernhard u.a.: Medien verstehen – gestalten – produzieren. Eine Einführung in die Praxis. 3., erweiterte und verbesserte Auflage. Verlag Europa-Lehrmittel. Haan-Gruiten 2005, S. 189ff.

1. Schneiden Sie die Kärtchen (siehe **Anlage**) aus, ordnen Sie den verschiedenen Einstellungsgrößen den dazugehörigen Kommentar zu und kleben Sie die Kärtchen schließlich in der richtigen Zuordnung auf einem neuen Blatt Papier fest. Betrachten Sie anschließend die Bilder genauer und notieren Sie stichwortartig die mithilfe der Einstellungsgröße beabsichtigte Wirkung auf den Zuschauer.

2. Experimentieren Sie mit der Kamera, indem Sie die folgenden Perspektiven nachstellen und die jeweilige Wirkung der Aufnahmen auf den Betrachter stichwortartig notieren.

  Experiment 1: Filmen Sie eine Person auf gleicher Augenhöhe (Normalsicht).

  Experiment 2: Filmen Sie dieselbe Einstellung nacheinander aus
  a) der Froschperspektive (Untersicht) und
  b) der Vogelperspektive (Aufsicht).

  Experiment 3: Wiederholen Sie das zweite Experiment und nehmen Sie dabei zusätzlich jeweils einen schrägen Standpunkt zum Objekt ein (Drehung der optischen Achse).

Detail (D) 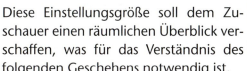	**1** Diese Einstellungsgröße soll dem Zuschauer einen räumlichen Überblick verschaffen, was für das Verständnis des folgenden Geschehens notwendig ist. Die Figuren sind daher nur klein, aber im Ganzen noch zu erkennen.
Groß (G) 	**2** Diese Einstellungsgröße hat sich aus dem Westerngenre entwickelt. Hierbei wird die Figur bis knapp unterhalb der Hüfte gezeigt, gleichzeitig wird deren Verhältnis zum Gegenspieler und/oder zur näheren Umgebung deutlich.
Nah (N)	**3** Bei dieser Einstellungsgröße füllt der Kopf der Figur das Bild vollständig aus, sodass hier der mimische Ausdruck des Sprechenden besonders hervorgehoben wird.
Halbnah (HN) 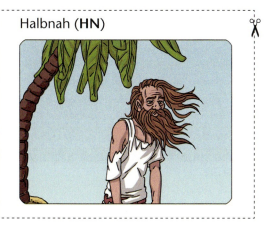	**4** Bei dieser Einstellungsgröße wird die Umgebung (Landschaft, Häuserblocks usw.) so weiträumig gezeigt, dass die Figuren verschwindend klein erscheinen. Hierdurch wird der Zuschauer in den Schauplatz eingeführt. Zudem wird auch die Atmosphäre erfahrbar.

Amerikanisch (A)

Halbtotale (HT)

Totale (T)

Weit (W)

5

Bei dieser Einstellungsgröße wird die Figur bzw. Figurengruppe (ähnlich wie bei A) bis etwa zur Hüfte gezeigt, sodass die unmittelbare Umgebung noch zu erkennen ist. Auch Mimik und Gestik sind noch gut sichtbar.

6

Bei dieser Einstellungsgröße ist die Figur etwa ab Brusthöhe zu sehen, sodass neben der Mimik auch die Gestik im Vordergrund steht.

7

Bei dieser Einstellungsgröße werden die Figuren von Kopf bis Fuß und in einer sie und ihre Situation charakterisierenden Umgebung gezeigt. Die Körpersprache ist gut sichtbar, während Mimik und Gestik noch nicht genau zu erfassen sind.

8

Bei dieser Einstellungsgröße wird lediglich ein kleiner Teil des Körpers bzw. eines Gegenstandes gezeigt. Die Aufmerksamkeit des Zuschauers wird somit auf einen besonders wichtigen Sachverhalt gelenkt.

Lernzirkel „Elemente des Films"

Station 2: Kameraführung (2)

Kamerabewegung

Variiert der Kameramann bzw. die Kamerafrau den Bildausschnitt, indem die Kameraposition oder die Brennweite der Kamera verändert wird, so kommt Bewegung ins Bild. Dies kann durch verschiedene Bewegungsarten realisiert werden:

1. Die Bewegung von Ort zu Ort
Die Bewegung in Filmen beruht hauptsächlich auf
a) der Eigenbewegung der dargestellten Objekte. Darunter wird das örtliche Verändern der dargestellten Objekte sowie das Verändern der Objekte in ihrer Gestalt verstanden.

b) der Bewegung des Betrachtungszeitpunktes. Hierbei wird dynamisch die Einstellgröße des Bildausschnitts verändert. Die klassische Kamerafahrt ist ein typisches Beispiel für diese Gestaltungsform.

2. Der Zoom als Bewegung (wird gern als Pseudo-Ortsveränderung verwendet)
Bei einem Zoom wird lediglich die Brennweite des Objektivs verändert. Daher erfolgt zwar auch eine dynamische Änderung der Einstellgröße, aber mit dem Unterschied, dass gleichzeitig der Aufnahmewinkel im Sinne der Perspektive verändert wird. Dies wiederum hat zur Folge, dass sich die Beziehung zwischen dem Objekt im Vordergrund und seinem Bildhintergrund je nach Brennweite verändert. Einstellungen mit *großer* Brennweite verdichten den Vorder- und den Hintergrund. Einstellungen mit *kleiner* Brennweite vermitteln eher einen räumlichen Eindruck mit großer Distanz zwischen Vorder- und Hintergrund.

3. Der Schwenk als Bewegung

Die Veränderung des Bildausschnitts im Film um seine Horizontal- und Vertikalachse wird als Schwenk bezeichnet. Je nach Geschwindigkeit und Richtung können mit dieser Gestaltungsform unterschiedliche Funktionen erreicht werden.

a) Sie verschaffen einen Überblick oder können den Blick des Betrachters lenken.

b) Ein Schwenk innerhalb einer Szene von einem Objekt zu einem anderen leitet von einer Einstellung zur anderen über.

In Anlehnung an: Schellmann, Bernhard u. a.: Medien verstehen – gestalten – produzieren. Eine Einführung in die Praxis. 3., erweiterte und verbesserte Auflage. Verlag Europa-Lehrmittel. Haan-Gruiten 2004, S. 226 f.

1. *Informieren Sie sich zunächst über das Gestalten dynamischer Bilder, indem Sie die obigen Hinweise lesen.*

2. *Experimentieren Sie mit der Kamera, indem Sie die folgenden Kamerabewegungen nachstellen und die jeweilige Wirkung der Aufnahmen auf den Betrachter stichwortartig notieren.*

Experiment 1: *a) Filmen Sie, wie sich eine Person von A nach B bewegt.*
b) Filmen Sie dieselbe Einstellung bei gleichzeitiger Kamerafahrt.

Experiment 2: *a) Filmen Sie die Person vor einem Hintergrundbild.*
b) Filmen Sie dieselbe Einstellung und zoomen Sie die Person heran.

Experiment 3: *a) Filmen Sie einen Schwenk von einer Person zu einer zweiten.*
b) Filmen Sie den Schwenk dieses Mal in die andere Richtung und schneller (Reißschwenk).

Lernzirkel „Elemente des Films"

Station 3: Beleuchtung

Lichtgestaltung

Jede Raumdarstellung ist durch das Licht geprägt. Ohne Licht entsteht keine Plastizität des Gezeigten. Auch für die Darstellung des Menschen im Raum spielt das Licht eine entscheidende Rolle, weil die Beleuchtung unterschiedliche Stimmungen erzeugt und diese als Eigenschaften einer Situation oder auch eines Charakters verstanden werden. Die **Ausleuchtung des Raums** setzt Stimmungen, schafft Atmosphäre. […] In der Filmgeschichte hat sich [daher] schon früh die Gestaltung der Szenen durch gezielten Beleuchtungseinsatz durchgesetzt. […]

Der Eindruck von Natürlichkeit und Realitätshaltigkeit ist im Film in der Regel ein Ergebnis genauer Kalkulation und kunstvoll eingesetzter Effekte. Gerade die Verwendung des Lichts macht dies deutlich. Die an Erfahrungen in der Realität gemessene Wahrscheinlichkeit der Beleuchtung trägt viel zur Glaubwürdigkeit des Gezeigten im Film bei. Die Lichtdramaturgie hat deshalb eine Vielzahl von Kategorien für die Lichtführung entwickelt. [Es kommt daher darauf an,] die Effekte zu erkennen und sich der Wirkung in der Erzeugung bestimmter Stimmungen bewusst zu werden.

Aus: Hickethier, Knut: Film- und Fernsehanalyse. 4., aktualisierte und erweiterte Auflage. Verlag J. B. Metzler. Stuttgart/Weimar 2007, S. 75 ff.

1. Experimentieren Sie mit dem Scheinwerfer (oder einer leistungsstarken Taschenlampe) im möglichst abgedunkelten Raum, indem Sie die folgenden Beleuchtungseffekte vor einem großen Spiegel nachstellen und die jeweilige Wirkung auf den Betrachter stichwortartig notieren.

   Experiment 1: a) Beleuchten Sie das Gesicht einer Person direkt von unten.
   b) Beleuchten Sie dasselbe Gesicht direkt von oben.

   Experiment 2: a) Beleuchten Sie das Gesicht einer Person von vorne (Vorderlicht).
   b) Beleuchten Sie dasselbe Gesicht von hinten (Gegenlicht).
   c) Beleuchten Sie dasselbe Gesicht von der Seite (Seitenlicht).

2. Nehmen Sie eine zweite, etwas schwächere Lichtquelle zu Hilfe und beleuchten Sie dasselbe Gesicht gleichzeitig direkt von unten (Haupt- bzw. Führungslicht) und von der Seite (Fülllicht). Notieren Sie stichwortartig, ob und inwiefern sich die Wirkung durch die zweite Lichtquelle im Vergleich zum ersten Experiment (vgl. 1 a) ändert.

   Zusatzaufgabe (fakultativ)
   Bekleben Sie eine Lichtquelle mit schwarzem Isolierband, sodass lediglich ein Loch von etwa 1 cm Durchmesser verbleibt. Wiederholen Sie die Experimente 1 und 2, während Sie mit diesem zusätzlichen Spot ein Auge oder den Mund der Person anstrahlen (Akzentlicht).

Lernzirkel „Elemente des Films"

Station 4: Ton

Geräusch, Musik, Sprache

Wie das Sehen einen visuellen Wahrnehmungsraum eröffnet, schafft das Hören einen akustischen. **Geräusch**, **Musik**, **Sprache** werden mit Positionen in unserem Wahrnehmungsraum verbunden, werden beim Hören lokalisiert. Um den Zusammenhang zwischen den akustischen Mitteln zu betonen, wird heute vom *Sound* gesprochen. [...]

Geräusche

Ein tonloses Geschehen auf der Leinwand wirkt unvollständig, unwirklich, wie tot. Ein ständiges, leicht unregelmäßiges Hintergrundgeräusch signalisiert uns dagegen Lebendigkeit [...]. Im Film wird deshalb eine sogenannte „Atmo" erzeugt, eine akustische Atmosphäre, die den Wirklichkeitseindruck des Visuellen wesentlich steigert. Sie ist auch anwesend, wenn sonst nichts zu hören ist und eine „spannungsgeladene Stille" beabsichtigt ist. [...]

Musik

Musik tritt als eine selbstständige Mitteilungsebene (Soundtrack) zu den Bildern, die Bedeutungen akzentuieren kann. Sie kann das visuell Gezeigte mit emotionalen Qualitäten versehen und in spezifischer Weise interpretieren. Sie kann dabei sowohl synchron (die Musikquelle ist im Bild zu sehen) als auch asynchron (die Quelle der Musik bleibt unsichtbar) eingesetzt werden. [...] Häufiger ist im Film jedoch die asynchron eingesetzte Musik, die für den Zuschauer oft nicht bewusst das Geschehen prägt. [...]

Sprache

Die Wirksamkeit des Bildes wird ergänzt und relativiert durch die hinzutretende Sprache in ihren verschiedenen Dimensionen von der Schrift im Bild (Inserts) und zwischen den Bildern (Zwischentitel) bis zur gesprochenen Sprache im Tonfilm. Sprache und Bild ergänzen sich im filmischen Darstellen und Erzählen. Von allen Verständigungsmitteln, die den Menschen zur Verfügung stehen, stellt die Sprache die differenzierteste dar. [...] Da es sich hier um ein symbolisches Zeichensystem handelt, kann durch die Sprache im Film auch vermittelt werden, was [...] nicht visuell darstellbar ist. [...]

Aus: Hickethier, Knut: Film- und Fernsehanalyse. 4., aktualisierte und erweiterte Auflage. Verlag J. B. Metzler. Stuttgart/Weimar 2007, S. 89 ff.

---

1. Experimentieren Sie mit einfachen Alltagsgegenständen, um unterschiedliche Toneffekte zu erzeugen. Notieren Sie jeweils, welches Geräusch auf diese Weise simuliert werden soll.

- **Experiment 1:** Streuen Sie Zucker auf Papier und streichen Sie mit dem Finger darüber.
- **Experiment 2:** Schlagen Sie zwei Kokosnusshälften mit der offenen Seite gegeneinander.
- **Experiment 3:** Schlagen Sie mit einem mindestens 30 cm langen Plastiklineal flach auf die Tischplatte.
- **Experiment 4:** Kratzen Sie mit den Zinken einer Gabel über einen Teller, der im Idealfall gerade der Spülmaschine entnommen wurde.
- **Experiment 5:** Legen Sie Besteck in einen alten Kochtopf und lassen Sie diesen dann zu Boden fallen. (Beachten Sie, dass dieses Geräusch sehr laut ist!)
- **Experiment 6:** Streichen Sie mit der Kleiderbürste über Stoff (oder über Pappe).
- **Experiment 7:** Zerknüllen Sie ein Stück Pergamentpapier mit Gefühl und falten Sie es langsam wieder auseinander.
- **Experiment 8:** Lassen Sie Reis in eine Pappschachtel rieseln.
- **Experiment 9:** Füllen Sie Reis in eine leere Blechdose und schütteln Sie kräftig oder lassen Sie den Reis aus ca. 30 bis 50 cm Höhe auf die umgedrehte Dose prasseln.
- **Experiment 10:** Schlagen Sie ein dickes, möglichst großformatiges Buch ungefähr in der Mitte auf und klappen Sie es mit Schwung wieder zu.

> Weitere Ideen zur Erzeugung von Geräuschen sind im Internet zu finden.
> www.movie-college.de/filmschule/ton/geraeuschemacher.htm
> www.der-geraeuschemacher.de/dgm/intro.php

2. Betrachten Sie zunächst die Bilder. Hören Sie sich anschließend die Musikbeispiele auf der CD an und ordnen Sie diese einem passenden Bild zu. Begründen Sie Ihre Entscheidung stichwortartig.

Lernzirkel „Elemente des Films"

Station 5: Filmschnitt

Am Set wird in der Regel weitaus mehr Filmmaterial abgedreht als für den späteren Film tatsächlich benötigt wird. Im „Schnitt" werden daher aus allen gedrehten Einstellungen die besten ausgewählt, auf die gewünschte Länge geschnitten und zu einer fortlaufenden Handlung montiert, sodass letztlich etwa 90 % weg- und die restlichen 10 % zum eigentlichen Film zusammengeschnitten werden.

Schnitttechniken

Die Schnitte können wiederum auf verschiedenen technischen Wegen durchgeführt werden:

1. Harter Schnitt

Die häufigste Form des Schnittes in einem Film ist sicherlich der harte Schnitt. Das kann in anderen Formen (z. B. bei Film-Trailern) anders sein. [...] Ein harter Schnitt ist ein Bild- oder Tonwechsel ohne jeglichen Übergang, das Material wird einfach hintereinandergehängt.

2. Weicher Schnitt: Blenden

Auf Platz zwei der Häufigkeits- und Beliebtheitsskala steht die Blende. Sie schafft einen weichen Übergang zwischen zwei Bildern oder zwei Audio-Signalen. Eine Blende erhöht die Transparenz eines – falls vorhanden – ersten Bildes (das nennt man auch A-Roll), während es gleichzeitig die Transparenz des zweiten Bildes (analog: B-Roll) verringert. Bild A wird also immer durchsichtiger, während Bild B immer deckender wird.

Aus: Rogge, Axel: Die Videoschnitt-Schule. Tipps und Tricks für spannendere und überzeugendere Filme. 2. Auflage. Galileo Design. Bonn 2006, S. 18f.

1. Sehen Sie sich die zwei aufgezeichneten Werbespots an und stellen Sie die Länge der jeweiligen Einstellungen mithilfe der Stoppuhr fest. Notieren Sie die Wirkung von kurzen bzw. langen Einstellungen auf den Betrachter stichwortartig.

2. Sehen Sie sich die Werbespots erneut an und identifizieren Sie harte Schnitte und Blenden (s. o.). Notieren Sie die jeweilige Wirkung beider Schnitttechniken auf den Betrachter stichwortartig.

Lernzirkel „Elemente des Films"

Lösungsvorschläge

Station 1: Kameraführung (1)

Aufgabe 1 (Einstellungsgrößen)

Detail (8): Diese Einstellungsgröße stellt eine extreme Großeinstellung einzelner Körperteile dar, weshalb sie oftmals enthüllenden Charakter hat und somit äußerst emotional in ihrer Bildwirkung ist.

Groß (3): Mithilfe dieser Einstellungsgröße soll der Zuschauer einen Einblick in das Gefühlsleben bzw. den Charakter dieser Figur erhalten, was wiederum die Identifikation mit der Figur erleichtern soll.

Nah (6): Diese Einstellungsgröße stellt neben der Mimik auch die Gestik der Figur in den Mittelpunkt, sodass diese Einstellung ebenfalls stark subjektiv ist und somit noch emotionalen Charakter in der Bildwirkung hat.

Halbnah (5): Diese Einstellungsgröße ist dazu geeignet, dem Zuschauer die Beziehungen der Figuren zueinander (Figurenkonstellation) sowie die kommunikative Situation zu veranschaulichen. Diese Betrachtung lässt somit bereits eine objektivere Bildwirkung zu.

Amerikanisch (2): Bei dieser Einstellungsgröße liegt das besondere Augenmerk auf der Darstellung des Revolvers als Machtmittel. Durch das gezeigte Bild wird somit Spannung erzeugt.

Halbtotale (7): Diese Einstellungsgröße eignet sich vornehmlich dazu, Menschengruppen sowie körperbetonte Aktionen darzustellen. Da der Zuschauer das Geschehen bereits aus einiger Distanz verfolgt, ist die Bildwirkung vorwiegend objektiv und weniger emotional.

Totale (1): Bei dieser Einstellungsgröße vermittelt die Kamera das Gezeigte aus der Sicht eines distanzierten und objektiven Beobachters. Um die unter Umständen enthaltene Fülle von Einzelobjekten dieses Bildausschnittes zu erfassen, wird für diese Einstellung in der Regel mehr Zeit benötigt als etwa für eine Großaufnahme.

Weit (4): Diese Einstellungsgröße bietet gegenüber der Totale einen noch größeren Raum, sodass die einzelne Figur eine völlig untergeordnete Rolle spielt. Da der Zuschauer die nunmehr größtmögliche Distanz zum gezeigten Geschehen hat, wird hier eine ausschließlich objektive Bildwirkung erzielt.

Aufgabe 2 (Perspektive)

Experiment 1: Die Normalsicht lässt Gegenstände und Personen betont vertraut und natürlich erscheinen.

Experiment 2: Aus der Froschperspektive wirken alle dargestellten Personen selbstbewusst, erhaben, überlegen oder sogar unheimlich, während alle aus der Vogelperspektive betrachteten Personen eher erniedrigt, einsam oder sogar unterwürfig wirken.

Für die Gestaltung von Dialogen im Film folgt hieraus: Während bei Normalsicht (Experiment 1) zwei gleichberechtigte Personen einen Dialog führen, lassen sich mit der Frosch- bzw. Vogelperspektive (Experimente 2a und 2b entsprechende Hierarchien (Über- bzw. Unterordnung) zwischen den Filmfiguren darstellen.

Experiment 3: Wird zusätzlich zur Frosch- bzw. Vogelperspektive noch die optische Achse gedreht (schräger Standpunkt), kann ein irrealer Eindruck und somit eine stark dramaturgische Bildwirkung erzielt werden.

Station 2: Kameraführung (2)

Grundsätzlich werden drei Formen der Kamerabewegung unterschieden, nämlich die **Kamerafahrt**, wobei der Standort der Kamera mithilfe technischer Hilfsmittel verändert wird, das **Zoomen** und der **Schwenk** (vgl. Experimente 1–3).

Experiment 1: Durch die **Kamerafahrt** kann das sich bewegende Objekt begleitet bzw. verfolgt werden, ohne aus dem Blickfeld zu geraten. Je nach Annäherung bzw. Entfernung der Kamera an das Objekt kann zudem zusätzliche Dynamik erzeugt werden.
Der Betrachter erhält durch die Kamerafahrt insgesamt einen räumlichen Überblick über den Schauplatz der Szene.

Experiment 2: Indem die Brennweite verändert wird, erfolgt beim **Zoom** eine räumliche Annäherung (Tele) bzw. Entfernung (Weitwinkel) zum bzw. vom Objekt. Nähert sich die Kamera dem Objekt, so gewinnt dieses tendenziell an Bedeutung: So soll etwa die (frontale) Annäherung an eine Person häufig dazu dienen, deren Emotionen (Angst, Schock, Freude, Hilflosigkeit usw.) in den Mittelpunkt des Geschehens zu rücken.

Experiment 3: Anders als bei der Kamerafahrt ermöglicht es ein **Schwenk** generell nicht, einen räumlich gleichbleibenden Abstand zum Objekt zu bewahren, weshalb dieser weniger dazu dient, Personen zu verfolgen. Stattdessen folgt ein Schwenk häufig der Blickrichtung einer Figur, um auf diese Weise zu zeigen, was diese beobachtet. Umgekehrt kann ein Schwenk auch dazu dienen, genau das ins Bild zu setzen, was sie gerade übersieht.
Erfolgt ein Schwenk auf ein im bisherigen oder weiteren Verlauf des Films nicht bedeutsames Objekt, so gewinnt dieses hierdurch an symbolischer Bedeutung – insbesondere bei sogenannten Reißschwenks.

Station 3: Beleuchtung

Aufgabe 1 (eine Lichtquelle)

„Grundsätzlich bestimmt die Lichtrichtung das Verhältnis von Licht und Schatten. Gerades Licht von vorne reduziert die Schattenbildung, während seitliches oder schräges Licht die Schatten verstärkt."

Aus: Volk, Stefan (2004): Filmanalyse im Unterricht. Zur Theorie und Praxis von Literaturverfilmungen. In: Diekhans, Johannes (Hrsg.), EinFach Deutsch. Unterrichtsmodell. Schöningh Verlag. Paderborn.

Experiment 1: Die Beleuchtung eines Gegenstandes bzw. einer Person direkt von unten bzw. von oben lässt das Objekt mystisch oder sogar gefährlich erscheinen.

Experiment 2: Die Beleuchtung einer Person direkt von vorne lässt diese zum einen unnatürlich starr bzw. maskenhaft und aufgrund des fehlenden Schattens zudem flach wirken. Zum anderen entsteht hierdurch oftmals der Eindruck eines Verhörs, welches das Innerste der Filmfigur zu entblößen scheint. Im Gegensatz hierzu bleibt das Innerste, ebenso wie das Äußere, bei einer Beleuchtung von hinten weitgehend im Verborgenen.
Eine Ausleuchtung der Person von der Seite unterteilt das Objekt in eine Licht- und eine Schattenseite. Zum einen lockert dies die Einstellung auf, zum anderen kann dies symbolisch verstanden werden (z. B. Halbschatten im Gesicht einer Person als deren Gut- und-böse-Gespaltenheit, als Zeichen des ihr drohenden Unheils oder als Hinweis auf ein verborgenes Geheimnis).

Aufgabe 2 (zwei Lichtquellen)

Dem Führungslicht kommt eine grundlegende Bedeutung zu, da es die natürliche Lichtquelle imitieren soll, während das Fülllicht der Erhellung von einzelnen dunklen Partien dient, um ungewünschte Schatten zu minimieren und somit die Wirkung einer plastischen Fläche für den gesamten Bildausschnitt zu erzielen.

Zusatzaufgabe (Akzentlicht)

Mit dem Akzentlicht (Spot) soll ein Teil des ohnehin beleuchteten Objekts besonders betont werden, um die Aufmerksamkeit des Betrachters hierauf zu lenken.

Station 4: Ton

Aufgabe 1 (Geräusche)

Experiment 1: Schritte im Kies	**Experiment 6:** Wind
Experiment 2: Pferdegetrappel	**Experiment 7:** Knisterndes Feuer
Experiment 3: Pistolenschuss	**Experiment 8:** Regen
Experiment 4: Bremsenquietschen	**Experiment 9:** Hagel
Experiment 5: Verkehrsunfall	**Experiment 10:** Zuschlagen einer Tür

Hinweis: Nur selten wird der Originalton der Aufnahme verwendet, vielmehr werden alle Geräusche im Nachhinein im Studio neu synchronisiert.

Aufgabe 2 (Filmmusik)
Ziel dieses „Experiments" ist es, den Zusammenhang zwischen Bild und Ton im Film zu erkennen: Während Geräusche die gezeigte Handlung natürlich bzw. authentisch erscheinen lassen, kommt der Filmmusik die zentrale Aufgabe zu, die Stimmung bzw. Atmosphäre der gezeigten Bilder (romantisch, spannend, traurig/tragisch, heiter/komisch, gefährlich usw.) entweder zu unterstützen (*Mood-Technik*) oder diese bewusst zu kontrastieren. Sie kann jedoch auch zur Charakterisierung von Figuren oder Schauplätzen (*Leitmotiv-Technik*) oder als Überleitung von einer Szene zu einer anderen dienen.

Station 5: Filmschnitt

Aufgabe 1 (Einstellung)
Je kürzer die einzelnen Einstellungen sind, umso größer erscheint dem Betrachter das Erzähltempo wie etwa bei dem Film „Lola rennt", in welchem häufig mit sogenannten Short Cuts gearbeitet worden ist.

Aufgabe 2 (Schnitttechniken)
Generell wird im Film mit harten Schnitten gearbeitet, in denen die Szenenübergänge abrupt erfolgen. Blenden (in Form von Schwarz-, Unschärfe-, Über-, Wischblenden usw.) werden lediglich sparsam und ganz bewusst als Stilmittel eingesetzt, wenn etwa eine längere und ruhigere Einstellung endet oder dem Zuschauer ein Sprung in der zeitlichen Erzählebene (z. B. Wechsel: Gegenwart ⇒ Rückblende) signalisiert werden soll.

Klausurvorschläge

Vorschlag 1

Text 1

Juli Zeh: Sag nicht ER zu mir (2006)

Seit ich lesen konnte, verschlang ich Unmengen von Büchern, und bei Michael Ende[1] oder den drei Fragezeichen[2] kam ICH nicht vor. Außer in der wörtlichen Rede. [...]

Ein auktorialer Erzähler ist Herr in der Welt seiner Geschichte. Er ist den Geschehnissen nicht ausgeliefert, sondern steht über ihnen. Selbst wenn er in den vorgetragenen Ereignissen eine Rolle spielt, hat er im Moment, da er sich zurücklehnt und über alles berichtet, das Gröbste überstanden und blickt darauf mit dem Selbstbewusstsein eines Menschen, der Anfang und Ende kennt. Der auktoriale Erzähler weiß mehr als Leser und Figuren und zeigt das. Er ist im Text die unanfechtbare Autorität.

Zu der Zeit, da sich ein Erzähler meiner Gedanken bemächtigte und mich gemeinsam mit Momo oder den drei Fragezeichen auf der falschen rezeptionstheoretischen[3] Ebene zu bewegen begann, war die Welt vielleicht nicht in Ordnung, aber sie hatte eine Ordnung: Ich war klein, und es gab einen Haufen Wesen, die im Vergleich zu mir allmächtig und allwissend waren. Kinder- und Jugendliteratur ist heute wie früher häufig auktorial erzählt und scheint auf diese Weise einer Weltordnung zu entsprechen, die in einer frühen Lebensphase immer noch Gültigkeit besitzt.

Später lernte ich, dass Gott entweder tot ist oder eine Frage der individuellen Selbstverwirklichung. Vater und Mutter, Klassenlehrer und Bundeskanzler sind nicht notwendig tot, aber auch nur Menschen und damit weit entfernt von allwissend oder omnipotent[4]. [...]

Seit dem Zweiten Weltkrieg wird innerhalb unseres demokratischen Systems versucht, den Einzelnen nicht über seinen Platz innerhalb einer hierarchischen Struktur zu definieren. Wir sind mehr als Sprossen irgendeiner Hühnerleiter. Die Erzählperspektive ist eine Blickrichtung, eine bestimmte Sicht auf die Welt, die von persönlicher Identifikation und Sozialisierung beeinflusst wird, und als solche setzt sie sich ins Verhältnis zur gesellschaftlichen Realität. Einer erzählenden Autorität fehlt heute in Familie, Schule und Politik die Entsprechung. Ohne feststehende, hierarchisch gestützte Ordnungsprinzipien gibt es in unserem täglichen Erleben vor allem das der Umwelt und sich selbst ausgelieferte ICH und darüber den blauen oder grauen Himmel.

Warum sollten wir beim Schreiben die Haltung eines Über-ICHS simulieren, das alles weiß und deshalb regiert? Warum sollten wir beim Lesen eine solche Haltung akzeptieren? Ist auktoriales Erzählen nicht irgendwie „undemokratisch"?

Aus: Zeh, Juli: Alles auf dem Rasen. Kein Roman. Schöffling & Co. Verlagsbuchhandlung. Frankfurt am Main 2006, S. 221 ff.

Text 2

Hermann Hesse: Unterm Rad (1906)

Herr Joseph Giebenrath, Zwischenhändler und Agent, zeichnete sich durch keinerlei Vorzüge oder Eigenheiten vor seinen Mitbürgern aus. Er besaß gleich ihnen eine breite, gesunde Figur, eine leidliche, kommerzielle Begabung, verbunden mit einer aufrichtigen, herzlichen Verehrung des Geldes, ferner ein kleines Wohnhaus mit Gärtchen, ein Familiengrab auf dem Friedhof, eine etwas aufgeklärte und fadenscheinig gewordene Kirchlichkeit, angemessenen Respekt vor Gott und der Obrigkeit und blinde Unterwürfigkeit gegen die ehernen Gebote der bürgerlichen Wohlanständigkeit. Er trank manchen Schoppen, war aber niemals betrunken. Er unternahm nebenher manche nicht einwandfreie Geschäfte, aber er führte sie nicht über die Grenzen des formell Erlaubten hinaus. Er schimpfte ärmere Leute Hungerleider, reichere Leute Protzen. Er war Mitglied des Bürgervereins und beteiligte sich jeden Freitag am Kegelschieben im „Adler", ferner an jedem Backtag sowie an den Voressen und Metzelsuppen[5]. Er rauchte zur Arbeit billige Zigarren, nach Tisch und sonntags eine feinere Sorte.

Sein inneres Leben war das des Philisters[6]. Was er etwa an Gemüt besaß, war längst staubig geworden und bestand aus wenig mehr als einem traditionellen, barschen Familiensinn, einem Stolz auf seinen eigenen Sohn und einer gelegentlichen Schenklaune gegen Arme. Seine geistigen Fähigkeiten gingen nicht über eine angeborene, streng abgegrenzte Schlauheit und Rechenkunst hinaus. Seine Lektüre

---

[1] **Michael Ende** (1929–1995) = deutscher Schriftsteller, der vor allem durch seine Kinder- und Märchenbücher bekannt wurde, wie z. B. „Momo", „Die unendliche Geschichte" und „Jim Knopf und Lukas der Lokomotivführer"
[2] **Die drei ???** = Jugendbuch- und Hörspiel-Serie, in welcher drei jugendliche Detektive Kriminalfälle lösen
[3] **Rezeption** = verstehende Aufnahme eines Textes durch den Leser
[4] **omnipotent** = allmächtig
[5] **Metzelsuppe** = Wurstsuppe
[6] **Philister** = kleinbürgerlich-engstirniger Mensch, Spießbürger

beschränkte sich auf die Zeitung, und um seinen Bedarf an Kunstgenüssen zu decken, war die jährliche Liebhaberaufführung des Bürgervereins und zwischenhinein der Besuch eines Zirkus hinreichend.
35 Er hätte mit jedem beliebigen Nachbarn Namen und Wohnung vertauschen können, ohne daß irgend etwas anders geworden wäre. Auch das Tiefste seiner Seele, das schlummerlose Mißtrauen gegen jede überlegene Kraft und Persönlichkeit und die instink-
40 tive, aus Neid erwachsene Feindseligkeit gegen alles Unalltägliche, Freiere, Feinere, Geistige teilte er mit sämtlichen übrigen Hausvätern der Stadt.
Genug von ihm. Nur ein tiefer Ironiker wäre der Darstellung dieses flachen Lebens und seiner unbewußten Tragik gewachsen. Aber dieser Mann hatte einen 45 einzigen Knaben, und von dem ist zu reden.

Aus: Hesse, Hermann: Unterm Rad. 52. Auflage. Suhrkamp. Frankfurt am Main 2013, S. 7f. (Aus lizenzrechtlichen Gründen folgt dieser Text nicht der reformierten Recht- schreibung.)

1. Geben Sie die Kernaussagen des Textes „Sag nicht ER zu mir" von Juli Zeh **(Text 1)** wieder und ergänzen Sie ihre Aussagen zum Erzählverhalten um weitere Merkmale, die für traditionelles Erzählen charakteristisch sind.

2. Stellen Sie die traditionelle Erzählweise der modernen gegenüber und ordnen Sie den Anfang zu Hermann Hesses Roman „Unterm Rad" **(Text 2)** auf der Grundlage der erarbeiteten Merkmale begründet zu.

3. Beurteilen Sie, inwiefern auktoriales Erzählen tatsächlich „undemokratisch" (Z. 52) ist, indem Sie Juli Zehs Frage an den Leser beantworten. Beziehen Sie auch Ihre eigenen Leseerfahrungen in Ihre Ausführungen ein.

Vorschlag 1: Bewertung der Schülerleistung: Untersuchendes Erschließen pragmatischer Texte

Name:
Schulhalbjahr:
Klasse:
Fachlehrer/in:
Thema der Klausur: Untersuchendes Erschließen pragmatischer Texte. Juli Zeh: Sag nicht ER zu mir (2006)/ Hermann Hesse: Unterm Rad (1906)

a) inhaltliche Leistung – Anforderungen

Teilaufgabe 1

	Der Schüler[1]	Maximale Punktzahl	Erreichte Punktzahl
1	nennt einleitend die bibliografischen Informationen (Titel, Autorin, Erscheinungsjahr und -ort), die Textsorte (Kommentar) und das Thema (Ablehnung des auktorialen Erzählers).		
2	gibt die Kernaussagen Juli Zehs zum auktorialen Erzähler als Vertreter traditionellen Erzählens wieder, z. B.: Der auktoriale Erzähler … • ist „Herr in der Welt seiner Geschichte" (Z. 5 f.) • schöpft aus dem Wissen, Anfang und Ende zu kennen, Selbstbewusstsein (vgl. Z. 11 f.) • ist „unanfechtbare Autorität" (Z. 14) • gehört einer Welt an, die, anders als heute, eine klare Ordnung kennt (vgl. Z. 19 ff.) • ist für Kinder- und Jugendliteratur tauglich, sonst aber nicht mehr zeitgemäß (vgl. Z. 22 ff.) • wirkt unter Umständen sogar „undemokratisch" (Z. 52)		
3	erläutert weitere charakteristische Merkmale traditionellen Erzählens, z. B.: • geschlossene, übersichtliche, geordnete Welt • klare Wertmaßstäbe (gut/böse) • Glaube an Gott • Mensch lebt in harmonischem Zusammenklang zwischen Ich und Umwelt • Mensch sucht Erfüllung des Daseins in verschiedenen Formen der Liebe (Gottes-, Eltern-, Naturliebe usw.) • positiver Held (selbstbestimmt, aktiv, sozial verpflichtet, kommunikativ usw.) • Darstellungsform: kontinuierliche Handlung, abgeschlossenes Geschehen, klarer Aufbau, innere neben äußerer Handlung, Standardsprache usw.		
4	belegt seine Ausführungen mithilfe geeigneter Textbeispiele.		

Teilaufgabe 2

	Der Schüler	Maximale Punktzahl	Erreichte Punktzahl
1	erläutert kurz den Untersuchungsgegenstand (Einordnung des Romananfangs „Unterm Rad" zum traditionellen Erzählen) im Sinne einer Überleitung.		

---

[1] Aus Gründen der besseren Lesbarkeit des Textes wird hier lediglich die männliche Form verwendet. Gemeint sind jedoch Schülerinnen und Schüler.

2	erläutert charakteristische Merkmale modernen Erzählens, z. B.: • gespaltene, offene, verworrene, ungeordnete Welt • keine klaren Wertmaßstäbe (Werteflut), Unsicherheit, Relativierung • Mensch wird sich selber fragwürdig und fremd, ist unsicher, orientierungslos • Verwilderung der Sitten bzw. der Moral • Ablehnung von Gott, Nihilismus • negativer Held (entpersönlicht) • Darstellungsform: Auflösung (Verzicht auf kontinuierliche Handlung), Verschiebung von Gattungsgrenzen, Fragmente, komplexer Aufbau (Montageprinzip), Zeitsprünge, personale Erzählweise, häufiger Perspektivenwechsel, Jargon, Auflösung der Syntax usw.	
3	identifiziert Merkmale, die für traditionelles Erzählen sprechen, z. B.: • auktorialer Erzähler/Er-Erzählung: Mehrfachnennung des Personalpronomens „er" • Chronologie des Erzählens erkennbar • Leserlenkung: Werturteile dominieren den Romanbeginn (vgl. Z. 1 ff.) • ausführliche Schilderung der Figur des Joseph Giebenrath (vgl. Z. 1 ff.) • Verwendung der Standardsprache	
4	belegt seine Ausführungen mithilfe geeigneter Beispiele.	

Teilaufgabe 3

Der Schüler		Maximale Punktzahl	Erreichte Punktzahl
1	gibt die im Text aufgeworfene Fragestellung im Sinne einer Überleitung wieder (z. B. auktorialer Erzähler sei „undemokratisch", daher heutzutage unzeitgemäß).		
2	wägt Argumente, die für bzw. gegen Zehs These sprechen, am Beispiel des Romananfanges „Unterm Rad" gegeneinander ab, z. B.: *Argumente einer kritisch akzentuierten Sichtweise* • kritisches Bewusstsein des Individuums im 21. Jahrhundert: Urteil des Erzählers wird hinterfragt • auch Ich-Erzähler kann Leser bewusst in eine bestimmte Richtung lenken, wenn dieser keine neutrale Erzählhaltung einnimmt *Argumente einer affirmativ akzentuierten Sichtweise* • Leserlenkung durch Werturteile (vgl. Z. 1 ff.) • in einer immer komplexer werdenden Welt ist ein auktorialer Erzähler zunehmend unrealistisch		
3	stellt treffende Bezüge zu im Unterricht behandelten epischen Texten her.		

b) Schreib- und Darstellungsleistung – Anforderungen

Der Schüler		Maximale Punktzahl	Erreichte Punktzahl
1	schreibt sprachlich richtig und syntaktisch sicher.		
2	gibt die Meinung Dritter korrekt im Konjunktiv I bzw. in der Ersatzform wieder.		
3	formuliert sprachlich und stilistisch sicher und abwechslungsreich.		
4	strukturiert seinen Text schlüssig, stringent und gedanklich klar.		
5	verwendet das erforderliche Fachvokabular der Textanalyse.		
6	wendet die Zitiertechniken korrekt an.		

Ergebnis

Gesamtpunktzahl: _____ Note: _____

Vorschlag 2

Hugo von Hofmannsthal: Brief des Lord Chandos an Francis Bacon (1902)

Hugo von Hofmannsthals „Brief des Lord Chandos an Francis Bacon" gilt heute als *das* Dokument der Moderne, da hier eindrücklich zentrale Gedanken und elementare Erfahrungen der Zeit um 1900 zum Ausdruck kommen. Er lässt den fiktiven Schriftsteller Lord Chandos, der 26 Jahre alt ist wie der österreichische Dichter zur Entstehungszeit selbst, einen Brief an seinen Freund Francis Bacon[1] schreiben, in welchem er beklagt, seit zwei Jahren kein Werk mehr veröffentlicht zu haben.

[...] Um mich kurz zu fassen: Mir erschien damals in einer Art von andauernder Trunkenheit das ganze Dasein als eine große Einheit: Geistige und körperliche Welt schien mir keinen Gegensatz zu bilden, ebenso wenig wie höfisches und tierisches Wesen, Kunst und Unkunst, Einsamkeit und Gesellschaft; in allem fühlte ich Natur, in den Verirrungen des Wahnsinns ebensowohl wie in den äußersten Verfeinerungen eines spanischen Zeremoniells; in den Tölpelhaftigkeiten junger Bauern nicht minder als in den süßesten Allegorien; und in aller Natur fühlte ich mich selber [...], als wenn ich, in der dem Fenster eingebauten Bank meines Studios sitzend, aus einem Folianten[2] süße und schäumende Nahrung des Geistes in mich sog. [...]

Es möchte dem, der solchen Gesinnungen zugänglich ist, als der wohlangelegte Plan einer göttlichen Vorsehung erscheinen, dass mein Geist aus einer so aufgeschwollenen Anmaßung in dieses Äußerste von Kleinmut und Kraftlosigkeit zusammensinken musste, welches nun die bleibende Verfassung meines Inneren ist. [...]

Aber, mein verehrter Freund, auch die irdischen Begriffe entziehen sich mir in der gleichen Weise. Wie soll ich es versuchen, Ihnen diese seltsamen geistigen Qualen zu schildern, dies Emporschnellen der Fruchtzweige über meinen ausgereckten Händen, dies Zurückweichen des murmelnden Wassers vor meinen dürstenden Lippen?

Mein Fall ist, in Kürze, dieser: Es ist mir völlig die Fähigkeit abhandengekommen, über irgendetwas zusammenhängend zu denken oder zu sprechen. Zuerst wurde es mir allmählich unmöglich, ein höheres oder allgemeineres Thema zu besprechen und dabei jene Worte in den Mund zu nehmen, deren sich doch alle Menschen ohne Bedenken geläufig zu bedienen pflegen. Ich empfand ein unerklärliches Unbehagen, die Worte „Geist", „Seele" oder „Körper" nur auszusprechen. Ich fand es innerlich unmöglich, über die Angelegenheiten des Hofes, die Vorkommnisse im Parlament, oder was Sie sonst wollen, ein Urteil herauszubringen. Und dies nicht etwa aus Rücksichten irgendwelcher Art, denn Sie kennen meinen bis zur Leichtfertigkeit gehenden Freimut: sondern die abstrakten Worte, deren sich doch die Zunge naturgemäß bedienen muss, um irgendwelches Urteil an den Tag zu geben, zerfielen mir im Munde wie modrige Pilze. Es begegnete mir, dass ich meiner vierjährigen Tochter Catarina Pompilia eine kindische Lüge, deren sie sich schuldig gemacht hatte, verweisen und sie auf die Notwendigkeit, immer wahr zu sein, hinführen wollte, und dabei die mir im Munde zuströmenden Begriffe plötzlich eine solche schillernde Färbung annahmen und so ineinander überflossen, dass ich den Satz, so gut es ging, zu Ende haspelnd, so wie wenn mir unwohl geworden wäre und auch tatsächlich bleich im Gesicht und mit einem heftigen Druck auf der Stirn, das Kind allein ließ, die Tür hinter mir zuschlug und mich erst zu Pferde, auf der einsamen Hutweide einen guten Galopp nehmend, wieder einigermaßen herstellte.

Allmählich aber breitete sich diese Anfechtung aus wie ein um sich fressender Rost. Es wurden mir auch im familiären und hausbackenen Gespräch alle die Urteile, die leichthin und mit schlafwandelnder Sicherheit abgegeben zu werden pflegen, so bedenklich, dass ich aufhören musste, an solchen Gesprächen irgend teilzunehmen. Mit einem unerklärlichen Zorn, den ich nur mit Mühe notdürftig verbarg, erfüllte es mich, dergleichen zu hören wie: Diese Sache ist für den oder jenen gut oder schlecht ausgegangen; Sheriff N. ist ein böser, Prediger T. ein guter Mensch; Pächter M. ist zu bedauern, seine Söhne sind Verschwender; ein anderer ist zu beneiden, weil seine Töchter zu haushälterisch sind; eine Familie kommt in die Höhe, eine andere ist am Hinabsinken. Dies alles erschien mir so unbeweisbar, so lügenhaft, so löcherig wie nur möglich. Mein Geist zwang mich, alle Dinge, die in einem solchen Gespräch vorkamen, in einer unheimlichen Nähe zu sehen: So wie ich einmal in einem Vergrößerungsglas ein Stück von der Haut meines kleinen Fingers gesehen hatte, das einem Brachfeld mit Furchen und Höhlen glich, so ging es mir nun mit den Menschen und ihren Handlungen. Es gelang mir nicht mehr, sie mit dem

---

[1] **Francis Bacon** (1561–1626) = englischer Philosoph und Politiker, der die Wissenschaft auf das Prinzip der Erfahrung gründen wollte; er gilt damit als ein wichtiger Mitbegründer der modernen Naturwissenschaften

[2] **Foliant** = großes, unhandliches, altes Buch

vereinfachenden Blick der Gewohnheit zu erfassen. Es zerfiel mir alles in Teile, die Teile wieder in Teile. Und nichts mehr ließ sich mit einem Begriff umspannen. Die einzelnen Worte schwammen um mich; sie gerannen zu Augen, die mich anstarrten und in die ich wieder hineinstarren muss: Wirbel sind sie, in die hinabzusehen mich schwindelt, die sich unaufhaltsam drehen und durch die hindurch man ins Leere kommt. [...]

Seither führe ich ein Dasein, das Sie, fürchte ich, kaum begreifen können, so geistlos, so gedankenlos fließt es dahin; ein Dasein, das sich freilich von dem meiner Nachbarn, meiner Verwandten und der meisten landbesitzenden Edelleute dieses Königreiches kaum unterscheidet und das nicht ganz ohne freudige und belebende Augenblicke ist.

Aus: Hofmannsthal, Hugo von: Brief des Lord Chandos an Francis Bacon. In: Steiner, Herbert (Hrsg.): Hugo von Hofmannsthal. Gesammelte Werke in Einzelausgaben. Prosa II. S. Fischer Verlag. Frankfurt am Main 1951, S. 7 ff.

1. Interpretieren Sie den vorliegenden Textauszug aus Hugo von Hofmannsthals „Brief des Lord Chandos an Francis Bacon" im Hinblick auf die Gründe und Auswirkungen der Sprachkrise des Schriftstellers. Beziehen Sie dabei auch den zeitgeschichtlichen Kontext in Ihre Ausführungen ein.

2. Erörtern Sie, ob und inwiefern Lord Chandos' Problem heute noch aktuell ist.

Vorschlag 2: Bewertung der Schülerleistung: Untersuchendes Erschließen literarischer Texte

Name:	
Schulhalbjahr:	
Klasse:	
Fachlehrer/in:	
Thema der Klausur:	Untersuchendes Erschließen literarischer Texte. Hugo von Hofmannsthal: Brief des Lord Chandos an Francis Bacon (1902)

a) inhaltliche Leistung – Anforderungen

Teilaufgabe 1

	Der Schüler	Maximale Punktzahl	Erreichte Punktzahl
1	nennt einleitend die bibliografischen Informationen (Autor, Titel, Erscheinungsjahr und -ort), die literarische Gattung (Tagebuchroman) und das Thema (z. B. Sprachkrise des Dichters um 1900).		
2	erläutert die Zeit vor und während der Sprachkrise des fiktiven Schriftstellers umfassend und differenziert, z. B.: *vorher* • „in einer Art von andauernder Trunkenheit [erschien] das ganze Dasein als eine große Einheit: Geistige und körperliche Welt schien mir keinen Gegensatz zu bilden" (Z. 1 ff.) • „in allem fühlte ich Natur" (Z. 6 f.) *jetzt* • „Kleinmut und Kraftlosigkeit" (Z. 20) sowie „seltsam[e] geistig[e] Qualen" (Z. 25 f.) als Begleiterscheinungen • „Es ist mir völlig die Fähigkeit abhandengekommen, über irgendetwas zusammenhängend zu denken oder zu sprechen." (Z. 30 ff.) • „die abstrakten Worte, deren sich doch die Zunge naturgemäß bedienen muss, um irgendwelches Urteil an den Tag zu geben, zerfielen mir im Munde wie modrige Pilze" (Z. 45 ff.) • klärendes Gespräch mit seiner kleinen Tochter misslingt (vgl. Z. 48 ff.) • Urteile in familiären Alltagsgesprächen (vgl. Z. 64 ff.) erscheinen bedenklich (**Sprachskepsis**): „alles erschien mir so unbeweisbar, so lügenhaft, so löcherig wie nur möglich" (Z. 78 f.) • sieht nun, „alle Dinge [...] in einer unheimlichen Nähe" (Z. 80 f.) • „Es zerfiel mir alles in Teile, die Teile wieder in Teile. Und nichts mehr ließ sich mit einem Begriff umspannen" (Z. 88 ff.)		
3	fasst die Folgen der Sprachkrise treffend zusammen, z. B.: • veränderter, individueller Zugang zu den Dingen • Lord Chandos empfindet sein menschliches Dasein als „geistlos, so gedankenlos" (Z. 97)		
4	bezieht den zeitgeschichtlichen Kontext treffend in seine Ausführungen ein, z. B.: • Wertewandel bzw. -verlust (Bedeutung der Religion, Familie usw.) • Orientierungslosigkeit bzw. Notwendigkeit der Neuorientierung → Anpassung an veränderte Wirklichkeit durch bewussteren Sprachgebrauch		
5	belegt seine Ausführungen mithilfe geeigneter Textbeispiele.		

Teilaufgabe 2

	Der Schüler	Maximale Punktzahl	Erreichte Punktzahl
1	erläutert kurz den Untersuchungsgegenstand (z. B. die Aktualität der Sprachkrise) im Sinne einer Überleitung.		
2	wägt Argumente, die für bzw. gegen eine Übertragbarkeit der Sprachkrise um 1900 auf die Gegenwart sprechen, gegeneinander ab, z. B.: *Argument einer kritisch akzentuierten Sichtweise* • keine grundlegende Sprachkrise zu erwarten, da sich die Gesellschaft an die stetig komplexer werdende Welt längst gewöhnt hat *Argumente einer affirmativ akzentuierten Sichtweise* • Problem der begrifflichen Genauigkeit führt zu sprachlichen Phänomenen (Anglizismen usw.), welche die Sprache der Gegenwart verändern • Tendenz zum nachlässigeren Sprachgebrauch durch den Einfluss neuer Medien erkennbar ($\Rightarrow$ Sprachverfall?)		
3	belegt seine Ausführungen mithilfe geeigneter Beispiele.		

b) Schreib- und Darstellungsleistung – Anforderungen

	Der Schüler	Maximale Punktzahl	Erreichte Punktzahl
1	schreibt sprachlich richtig und syntaktisch sicher.		
2	gibt die Meinung Dritter korrekt im Konjunktiv I bzw. in der Ersatzform wieder.		
3	formuliert sprachlich und stilistisch sicher und abwechslungsreich.		
4	strukturiert seinen Text schlüssig, stringent und gedanklich klar.		
5	verwendet das erforderliche Fachvokabular der Textanalyse.		
6	wendet die Zitiertechniken korrekt an.		

Ergebnis
Gesamtpunktzahl: _____ Note: _____

Vorschlag 3

Rainer Maria Rilke: Der Panther (1903)

Im Jardin des Plantes¹, Paris

Sein Blick ist vom Vorübergehn der Stäbe
so müd geworden, dass er nichts mehr hält.
Ihm ist, als ob es tausend Stäbe gäbe
und hinter tausend Stäben keine Welt.

5 Der weiche Gang geschmeidig starker Schritte,
der sich im allerkleinsten Kreise dreht,
ist wie ein Tanz von Kraft um eine Mitte,
in der betäubt ein großer Wille steht.

Nur manchmal schiebt der Vorhang der Pupille
10 sich lautlos auf –. Dann geht ein Bild hinein,
geht durch der Glieder angespannte Stille –
und hört im Herzen auf zu sein.

Aus: Rilke, Rainer Maria: Der Panther. In: Paefgen, Elisabeth K./Geist, Peter (Hrsg.),
Deutsche Gedichte. Von den Anfängen bis zur Gegenwart. 19. Auflage. Cornelsen Verlag.
Berlin 2005, S. 450

1. Interpretieren Sie Rainer Maria Rilkes Gedicht „Der Panther".

2. Erläutern Sie, inwieweit das Gedicht das zur Zeit der Jahrhundertwende übergeordnete Thema des Ichs in der Krise aufgreift.

---

¹ Le Jardin des Plantes (frz.) = Botanischer Garten in Paris

Vorschlag 3: Bewertung der Schülerleistung: Gedichtinterpretation

Name:	
Schulhalbjahr:	
Klasse:	
Fachlehrer/in:	
Thema der Klausur:	Gedichtinterpretation. Rainer Maria Rilke: Der Panther (1903)

a) inhaltliche Leistung – Anforderungen

Teilaufgabe 1

	Der Schüler	Maximale Punktzahl	Erreichte Punktzahl
1	nennt einleitend die bibliografischen Informationen (Autor, Titel, Erscheinungsjahr und -ort), die literarische Gattung (Gedicht) und das Thema (z. B. mangelnde Entfaltung bzw. Abhängigkeit des Einzelnen in der modernen Gesellschaft um 1900).		

2	analysiert Form und Inhalt des Gedichts sowie deren Wechselwirkungen umfassend und differenziert, z. B.:
	 Inhalt
	 • **Strophe 1:** Darstellung der Situation des Panthers
	  – lebt nicht in freier Wildbahn, sondern in einem engen Käfig (vgl. V. 1 ff.) im Botanischen Garten („Jardin des Plantes") von Paris
	  – hat hier zu wenig Raum, um seinen Bewegungsdrang auszuleben (vgl. V. 5 f.)
	  – seine Lebens- und Erfahrungswelt endet an den Gitterstäben (vgl. V. 4)
	 • **Strophen 2 und 3:** Verhaltensänderungen des Panthers durch seine Gefangenschaft
	  – „Sein Blick ist […] müd geworden" (V. 1 f.)
	  – sein einst „großer Wille" ist nunmehr „betäubt" (V. 8)
	  – hat die Lust verloren, seine Umwelt aufmerksam zu beobachten: „Nur manchmal schiebt der Vorhang der Pupille/sich lautlos auf –. Dann geht ein Bild hinein" (V. 9 f.; vgl. zudem V. 3 f.)
	 → Entfremdung des Panthers von seiner Natur: Das Tier hat lediglich äußerlich etwas von einer Wildkatze und lässt nur selten sein wahres Wesen erahnen (<u>Identitätskrise</u>).
	 Form (Aufbau, Stilmittel)
	 • Formstrenge, d. h. durchgängiger Gebrauch des Kreuzreimes (abab), korrespondiert mit der Eintönigkeit eines Lebens in Gefangenschaft
	 • das einheitliche Metrum verdeutlicht die innere Leere des Panthers und die Monotonie seines Daseins, reduzierte Anzahl der Hebungen im letzten Vers als Ausdruck der gestörten Wirklichkeitsverarbeitung
	 • Personifikation: müde werdender Blick versinnbildlicht die Fremdbestimmung des Panthers
	 • Metapher: sich im Kreise drehen verdeutlicht die Perspektiv- bzw. Hoffnungslosigkeit der Lage, in welcher sich der Panther befindet
	 • Metapher: „Bild […] hört im Herzen auf zu sein" (V. 10 ff.), symbolisiert die innere Leere und den Existenzverlust des Tieres		

3	fasst abschließend die mögliche Aussageabsicht des Dichters im Sinne einer Deutungshypothese zusammen.		
4	belegt seine Ausführungen mithilfe geeigneter Textbeispiele.		

Teilaufgabe 2

	Der Schüler	Maximale Punktzahl	Erreichte Punktzahl
1	erläutert kurz den Untersuchungsgegenstand (z. B. zeitgeschichtlicher Kontext, Gesellschaftskritik des Gedichts) im Sinne einer Überleitung.		
2	ordnet das Gedicht der Jahrhundertwende treffend dem Symbolismus zu und führt es folgerichtig auf einen allgemeinen Zusammenhang (z. B. Panther als Symbol für das unfreie Individuum in der modernen Gesellschaft ohne Möglichkeit zur Entfaltung) zurück.		
3	stellt die zeitgeschichtliche Problematik um 1900 treffend dar, z. B.: • Urbanisierung bzw. Industrialisierung • Fremdbestimmtheit durch diverse Zwänge (Konventionen, Arbeit usw.), Abhängigkeit • Wertewandel bzw. -verlust (Bedeutung der Religion, Familie usw.) • Orientierungslosigkeit bzw. Notwendigkeit der Neuorientierung → Mensch auf der Suche nach dem (wirklichen) Sinn seines Daseins		
4	belegt seine Ausführungen mithilfe geeigneter Beispiele.		

b) Schreib- und Darstellungsleistung – Anforderungen

	Der Schüler	Maximale Punktzahl	Erreichte Punktzahl
1	schreibt sprachlich richtig und syntaktisch sicher.		
2	gibt die Meinung Dritter korrekt im Konjunktiv I bzw. in der Ersatzform wieder.		
3	formuliert sprachlich und stilistisch sicher und abwechslungsreich.		
4	strukturiert seinen Text schlüssig, stringent und gedanklich klar.		
5	verwendet das erforderliche Fachvokabular der Textanalyse.		
6	wendet die Zitiertechniken korrekt an.		

Ergebnis
Gesamtpunktzahl: _____ Note: _____

Vorschlag 4

Friedrich Nietzsche: Vereinsamt (1884)

Die Krähen schrein
Und ziehen schwirren Flugs zur Stadt:
Bald wird es schnein. –
Wohl dem, der jetzt noch Heimat hat!

5 Nun stehst du starr,
Schaust rückwärts, ach! wie lange schon!
Was bist du Narr
Vor Winters in die Welt entflohn?

Die Welt – ein Tor
10 Zu tausend Wüsten stumm und kalt!
Wer das verlor,
Was du verlorst, macht nirgends halt.

Nun stehst du bleich,
Zur Winter-Wanderschaft verflucht,
15 Dem Rauche gleich,
Der stets nach kältern Himmeln sucht.

Flieg, Vogel, schnarr
Dein Lied im Wüstenvogel-Ton! –
Versteck, du Narr,
20 Dein blutend Herz in Eis und Hohn!

Die Krähen schrein
Und ziehen schwirren Flugs zur Stadt:
Bald wird es schnein. –
Weh dem, der keine Heimat hat!

Aus: Nietzsche, Friedrich: Vereinsamt. In: Paefgen, Elisabeth K./Geist, Peter (Hrsg.):
Deutsche Gedichte. Von den Anfängen bis zur Gegenwart. 19. Auflage. Cornelsen Verlag. Berlin 2005, S. 415f.

1. Interpretieren Sie Friedrich Nietzsches Gedicht „Vereinsamt".

2. Erörtern Sie, ob und inwiefern hier von einer Krise des Ichs gesprochen werden kann. Beziehen Sie auch den zeitgeschichtlichen Kontext in Ihre Ausführungen ein.

Vorschlag 4: Bewertung der Schülerleistung: Gedichtinterpretation

Name:	
Schulhalbjahr:	
Klasse:	
Fachlehrer/in:	
Thema der Klausur:	Gedichtinterpretation. Friedrich Nietzsche: Vereinsamt (1884)

a) inhaltliche Leistung – Anforderungen

Teilaufgabe 1

	Der Schüler	Maximale Punktzahl	Erreichte Punktzahl
1	nennt einleitend die bibliografischen Informationen (Autor, Titel, Erscheinungsjahr und -ort), die literarische Gattung (Gedicht) und das Thema (z. B. Prozess der Vereinsamung des lyrischen Ichs).		
2	analysiert Form und Inhalt des Gedichts sowie deren Wechselwirkungen umfassend und differenziert, z. B.: *Inhalt* • **Strophen 1 und 6:** Darstellung der vermeintlichen Normalität – Wunsch des Menschen nach Heimat, Wärme, Geborgenheit, Vertrautheit usw. – Stadt als Symbol für dieses menschliche Grundbedürfnis (vgl. V. 2) • **Strophen 2–5:** Reflexion der eigenen Situation als Freigeist (innerer Monolog) – lyrisches Ich ist sich bewusst, dass es sich mit seinem Abschied vom Vertrauten nicht der Normalität entsprechend verhält: „Was bist du Narr/Vor Winters in die Welt entflohn?" (V. 7f.) – es begibt sich aufgrund seiner radikalen Denkweise jedoch vorsätzlich in die Einsamkeit der „Welt – ein Tor/Zu tausend Wüsten" (V. 9f.) – der Weg führt analog zur Bewegung des Rauches in immer größere Kälte (vgl. V. 13ff.) – in der Einsamkeit fühlt sich das lyrische Ich frei (vgl. V. 17ff.) und versteckt sein „blutend Herz in Eis und Hohn" (V. 20) *Form (Aufbau, Stilmittel)* • Formstrenge, d. h. durchgängiger Gebrauch des Kreuzreimes (abab), korrespondiert mit dem festen Vorsatz des lyrischen Ichs, sich von dem Gewohnten abzuwenden • Symbol Krähe: steht analog zum Raben für Unheil, Tod usw. • Onomatopöie: Schreien bzw. Kreischen der Krähen wird durch hell und schrill klingende Vokale wie „ie", „i" usw. verstärkt (vgl. V. 1ff. und V. 21ff.) • Kälte- und Stille-Metaphorik: spiegelt den Prozess der Vereinsamung wider („tausend Wüsten stumm und kalt", V. 10; „Winter", V. 14; „kälter[e] Himmel", V. 16)		
3	fasst abschließend die mögliche Aussageabsicht des Dichters im Sinne einer Deutungshypothese zusammen.		
4	belegt seine Ausführungen mithilfe geeigneter Textbeispiele.		

Teilaufgabe 2

	Der Schüler	Maximale Punktzahl	Erreichte Punktzahl
1	erläutert kurz den Untersuchungsgegenstand (z. B. Krise des Ichs) im Sinne einer Überleitung.		
2	stellt die zeitgeschichtliche Problematik um 1900 treffend dar, z. B.: • Urbanisierung bzw. Industrialisierung • Fremdbestimmtheit durch diverse Zwänge (Konventionen, Arbeit usw.), Abhängigkeit • Wertewandel bzw. -verlust (Bedeutung der Religion, Familie usw.) • Orientierungslosigkeit bzw. Notwendigkeit der Neuorientierung → Mensch auf der Suche nach dem (wirklichen) Sinn seines Daseins		
3	wägt Argumente, die für bzw. gegen eine Krise des lyrischen Ichs sprechen, gegeneinander ab, z. B.: *Argumente einer kritisch akzentuierten Sichtweise* • Abwendung vom Vertrauten und Isolation sind selbst gewählt • Nietzsches philosophischer Nihilismus: lyrisches Ich hat sich bereits auf den Weg gemacht, um den Menschen und somit die Krise um 1900 zu überwinden (vgl. Übermensch) *Argumente einer affirmativ akzentuierten Sichtweise* • Rückzug ins Innere und Isolation als Ausdruck einer Krisenerfahrung • gewählter Weg wird gegen Ende des Gedichts bereits bereut (vgl. V. 24)		
4	belegt seine Ausführungen mithilfe geeigneter Beispiele.		

b) Schreib- und Darstellungsleistung – Anforderungen

	Der Schüler	Maximale Punktzahl	Erreichte Punktzahl
1	schreibt sprachlich richtig und syntaktisch sicher.		
2	gibt die Meinung Dritter korrekt im Konjunktiv I bzw. in der Ersatzform wieder.		
3	formuliert sprachlich und stilistisch sicher und abwechslungsreich.		
4	strukturiert seinen Text schlüssig, stringent und gedanklich klar.		
5	verwendet das erforderliche Fachvokabular der Textanalyse.		
6	wendet die Zitiertechniken korrekt an.		

Ergebnis
Gesamtpunktzahl: _____ Note: _____

Philipp Blom: Der taumelnde Kontinent. Europa 1900–1914

Sie stehen entlang einer baumgesäumten Straße, die meisten von ihnen Männer und Jungs, voller Erwartung. In der drückenden Sommerhitze blicken sie die gerade Linie der Landstraße entlang, die sich am Horizont verliert. Ein leises Summen wird hörbar. Ein Auto erscheint zwischen den Baumkolonnen, klein und von einer Staubwolke umgeben, größer werdend, immer größer, mit jeder Sekunde. Es rast auf die Betrachter zu, angetrieben von einem mächtigen Motor, immer lauter röhrend, eine Vision geballter Macht.

Einer der Zuschauer, ein achtzehnjähriger Junge, hält eine Kamera in der Hand und macht sich für den Moment bereit, auf den er gewartet hat. Konzentriert blickt er durch den Sucher. Er kann den Fahrer und seinen Passagier hinter der riesigen Motorhaube sehen, die Nummer sechs, die auf den Tank gemalt ist, er fühlt die Schockwelle des Lärms und der Motorenkraft, als das Fahrzeug an ihm vorbeirast. In diesem Moment drückt er auf den Auslöser. Während der Staub um ihn herum sich legt, fragt er sich, ob er den richtigen Augenblick gewählt hat.

Als er das Bild entwickelt, das er am 26. Juni 1912 beim französischen Grand-Prix-Autorennen gemacht hat, ist der junge Fotograf enttäuscht. Der Rennwagen Nummer sechs ist nur halb im Bild, der Hintergrund verwischt und seltsam verzerrt. Er legt den Abzug zur Seite. Sein Name ist Jacques Henri Lartigue. Das Foto, das er für misslungen hält, wird vierzig Jahre später im New Yorker Museum of Modern Art ausgestellt werden und ihn berühmt machen. Ohne es gewollt zu haben, hat er die vibrierende Energie und die Geschwindigkeit eingefangen, die so kennzeichnend waren für die Jahre zwischen der Jahrhundertwende und den Ereignissen von 1914.

Heute sehen wir die Zeit vor dem Ausbruch des Ersten Weltkriegs oft als Idyll, als eine Zeit vor dem Sündenfall, als die gute alte Zeit, die *Belle Époque*. Sie wird in aufwendig ausgestatteten Kostümfilmen als eine intakte Gesellschaft zelebriert, die doch unaufhaltsam einem Weltkrieg entgegengetrieben wurde, an dem sie zerbrechen musste. Nach diesem Krieg, so diese Lesart der Geschichte, erhob sich aus der Asche der alten Welt der Phönix der Moderne.

Die meisten Menschen, die das Jahr 1900 erlebt haben, wären sehr erstaunt über diese nostalgische und statische Interpretation ihrer Zeit. Ihren eigenen Briefen, Tagebüchern, Zeitungen, wissenschaftlichen Veröffentlichungen und Romanen nach zu urteilen war ihre eigene Erfahrung dieser Zeit gekennzeichnet von Unsicherheit und Erregtheit, eine rohe, kraftvolle Lebenswelt, die unserer eigenen in vielerlei Hinsicht ähnlich ist. Damals wie heute waren tägliche Gespräche und Presseartikel dominiert von neuen Technologien, von der Globalisierung, von Terrorismus, neuen Formen der Kommunikation und den Veränderungen im Sozialgefüge, damals wie heute waren die Menschen überwältigt von dem Gefühl, dass sie in einer sich beschleunigenden Welt lebten, die ins Unbekannte raste. Jacques Lartigue, ein Junge, der schnelle Autos und Geschwindigkeit liebte und versuchte, sie mit der Kamera einzufangen, spiegelt die Faszinationen einer Epoche wider, deren Volkshelden Rennfahrer waren, in der praktisch jede Woche neue Geschwindigkeitsrekorde aufgestellt und gebrochen wurden und in der neue Technologien, in seinem Fall eine billige, tragbare Kamera, das Leben von Millionen unwiderruflich veränderten.

Um 1900 war die vielleicht profundeste[1] Umwälzung der Lebenswelt der Wandel im Verhältnis zwischen Männern und Frauen. Schon damals wurden patriarchalische Strukturen von Frauen infrage gestellt, die zum ersten Mal in der europäischen Geschichte in größerem Rahmen Zugang zu Schulbildung und zu Universitäten hatten, ihr eigenes Geld verdienten und nicht nur das Wahlrecht und effektive Empfängnisverhütung verlangten, sondern in einigen Fällen auch eine völlige Umgestaltung der Gesellschaft. Sie wiesen nicht zuletzt darauf hin, dass die traditionellen männlichen Eigenschaften – körperliche Kraft, kriegerische Tugenden – in einer industriellen Gesellschaft bedeutungslos waren. Die Männer reagierten darauf oft aggressiv und verunsichert; nie zuvor sah man auf den Straßen so viele Uniformen, nie zuvor wurden so viele Duelle ausgefochten, nie zuvor gab es in den Zeitungen so viel Werbung für Behandlungen, die versprachen, „Männerkrankheiten" und „Nervenschwäche" zu heilen, und nie zuvor wurden so viele Männer mit Symptomen wie Erschöpfung und „Nervosität" in Sanatorien und Krankenhäuser eingeliefert. [...]

Um 1900 drückte sich die Unsicherheit über die männliche Identität auf vielfache Weise aus: Der Rückgang der Geburtenraten, besonders in der bürgerlichen Schicht, war ein viel diskutiertes Indiz, das polemische Autoren zu der Behauptung verleitete, „zivilisierte" Weiße würden schon bald von den „niederen Klassen" und den dunkelhäutigen Menschen der Kolonien verdrängt werden [...].

---

[1] **profund** = gründlich, tief, (all-)umfassend

Die Angst der Männer war aber nicht nur eine Reaktion auf das neue Selbstvertrauen, das viele Frauen an den Tag legten, es war auch eine Antwort auf die Geschwindigkeit, mit der sich die Welt ganz allgemein veränderte. Beschleunigung und Erregung, Angst und Schwindelgefühle waren Themen, die in den Jahren zwischen 1900 und 1914 in vielfältiger Form immer wiederkehrten und deren Ursachen auf der Hand liegen: Die Städte wuchsen explosionsartig an, und die Gesellschaft wurde durch die rapide Industrialisierung aller Lebensbereiche transformiert, massenproduzierte Güter und Elektrizität begannen das tägliche Leben zu bestimmen und alle Städter zu Konsumenten zu machen, Zeitungen wurden zu Imperien, Kinofilme wurden von Millionen von Zuschauern gesehen, die Globalisierung brachte Fleisch aus Neuseeland und Mehl aus Kanada und Russland in britische und deutsche Haushalte und sorgte damit auch für den Niedergang des Adels, dessen Wohlstand großteils auf der Landwirtschaft gründete, und für den Aufstieg einer neuen Art von Menschen: dem Ingenieur, dem Mathematiker, dem Technokraten, dem Städter. Die moderne Welt, das zeigt sich bei näherem Hinsehen, erhob sich nicht aus den Schützengräben der Somme[1] und den Ruinen Flanderns, sondern hatte schon vor 1914 die Menschen längst ergriffen. Der Krieg funktionierte lediglich als Katalysator, der die alten Strukturen schneller zum Einsturz brachte und neuen Identitäten schneller erlaubte, selbstbewusst aufzutreten. [...]

Ein großer Teil der Ungewissheit, die wir heute spüren, erwuchs aus Erfindungen, Gedanken und Veränderungen, die in jenen ungeheuer kreativen fünfzehn Jahren artikuliert wurden, und es ist wohl kaum übertrieben zu sagen, dass alles, was im 20. Jahrhundert wichtig werden sollte – von der Quantenphysik bis zur Freuenrechtsbewegung, von abstrakter Kunst bis zur Genetik, von Kommunismus und Faschismus bis zur Konsumgesellschaft, vom industrialisierten Mord bis zur Macht der Medien –, zwischen 1900 und 1914 erstmals seine Massenwirkung entfaltete oder sogar erfunden wurde. In all diesen Bereichen wurde Neuland betreten, und der Rest des Jahrhunderts war wenig mehr als eine Abwicklung und Auslotung dieser Möglichkeiten, die manchmal wunderbar und manchmal schrecklich waren.

Aus: Blom, Philipp: Der taumelnde Kontinent. Europa 1900–1914. 6. Auflage. Carl Hanser Verlag. München 2014, S. 11–14

---

[1] **Somme** = Fluss in Frankreich; Schauplatz der verlustreichsten Schlacht im Ersten Weltkrieg, die am 1. Juli 1916 begann, am 18. November 1916 schließlich abgebrochen wurde, ohne eine militärische Entscheidung an der Westfront herbeigeführt zu haben, und über 1 Million Opfer forderte

1. Notieren Sie die im vorliegenden Textauszug genannten Lebensbereiche, in denen sich die Gesellschaft zu Beginn des 20. Jahrhunderts verändert.

2. Kennzeichnen Sie die beginnende „Moderne", indem Sie sich über den gesellschaftlichen Wandel um 1900 in den verschiedenen Lebensbereichen mithilfe der Ihnen zugänglichen Quellen (Lexika, Internet, Schulbibliothek usw.) genauer informieren.

Das Leben in der Großstadt: Berlin um 1900 – Eine Fantasiereise

1 Die Entspannungsphase (Das Hineinbegleiten)

Ich möchte mit Ihnen eine kleine Reise machen. Es ist eine Reise mithilfe Ihrer Fantasie. Setzen Sie sich daher bequem hin, sodass Sie sich wohlfühlen! Achten Sie darauf, dass Ihr Atem frei fließen kann, dass weder Brustraum noch Bauch eingeengt sind! ... Schließen Sie nun Ihre Augen und stellen Sie sich vor, dass Sie diesen Raum verlassen ... Draußen scheint die Sonne ... Es ist ein warmer, sonniger Frühlingstag und Sie unternehmen einen Tagesausflug nach Berlin. ...
Sie freuen sich auf all die Sehenswürdigkeiten und schlendern langsam zum Alexanderplatz. ... Sie schauen sich die Gebäude genau an, deren stuckverzierte Fassaden Ihnen sehr gefallen. ... Es ist angenehm warm und Sie fühlen sich richtig wohl ... Sie hören in der Ferne einige Autos fröhlich hupen. Ihnen gefällt das muntere Treiben dieser Großstadt und Sie genießen die belebte Atmosphäre. ... Sie sind ganz ruhig. ... Sie atmen ruhig, tief und langsam ein und aus ... Sie spüren, wie sich Ihre Bauchdecke ruhig hebt und senkt ... Sie rekeln sich ein wenig und spüren, dass Sie nun ganz ruhig und entspannt sind ... Sie sind nun völlig entspannt und haben die Ruhe, Ihre Gedanken schweifen zu lassen ...

2 Die Reise

Ihr Weg führt Sie weiter durch die Voltairestraße und Sie gelangen schließlich zur Alexanderstraße. ... Dort am Ende der Straße sehen Sie die ehemalige Kaserne des Kaiser-Alexander-Regiments, die seit der Jahrhundertwende als Mietskaserne genutzt wird. Sie können sie schon aus der Entfernung genau erkennen und Sie gehen interessiert auf sie zu. ... Der alte graue Kasten sieht düster und bedrohlich aus. Hier machen Sie halt. ...
Es ist 12 Uhr Mittag und es ist mittlerweile heiß. Vor dem Eingang stehen die übervollen Mülleimer. Sie öffnen die große Eingangstür und werden von einer atemberaubenden Geruchswolke überfallen. Für einen Augenblick sind Sie wie betäubt. ... Das Haus, die Hitze, der Gestank – alles führt Sie zurück in die Welt der Jahrhundertwende. ... Aus den Kellerräumen hören Sie entfernt das Husten der tuberkulosekranken Arbeiterfamilie mit ihren zahlreichen Kindern. In diesen feuchten Löchern wohnt eine Familie mit acht Personen – in schlimmen hygienischen Umständen und ohne Aussicht auf eine Verbesserung ihrer Lage. ... Sie gehen an den Werkstätten im Parterre vorbei, hören den Lärm der zu Fabriken umgebauten Hinterhöfe: das Dröhnen der Maschinen, das Sausen der Treibriemen. Kurz werfen Sie einen Blick durch die geöffnete Lagertür, sehen die dicken Stoffballen – billige Konfektionsware. ...
Durchgetretene Stufen führen Sie auf einer breiten Treppe in den ersten Stock. Sie haben Schwierigkeiten, sich zu orientieren, weil die wenigen verdreckten Fenster kaum Tageslicht hereinlassen. ... Viele kleine Kinder spielen auf den Gängen und lassen sich durch Sie nicht stören. Sie sehen Sie offensichtlich nicht einmal. Einige scheinen hier auch ihre dringendsten Geschäfte erledigt zu haben, denn aus allen Ecken dringt ein eindeutiger Geruch zu Ihnen herüber. ... Vom Flügel B hören Sie kräftige Männerstimmen, die deutsches Liedgut einüben: „Wer hat dich, du schöner Wald", „In einem kühlen Grunde" – Melodien, die Sie mehr erahnen als erkennen können. ... Sie fragen sich, wer zu dieser Tageszeit Muße und Gelegenheit für Chorgesang hat. ...
Etwas kommt Ihnen spanisch vor. Irritiert steigen Sie weiter nach oben. ... Sie kommen in den zweiten Stock und sehen zahlreiche Eingangstüren, die zu kleinen Wohnungen führen müssen. Sie machen die Räume einer armen Zigarrenarbeiterin, einer Mantelnäherin aus. ... Eine offensichtlich angetrunkene Frau hören Sie aus einer dritten Tür. Sie schickt gerade ihre Tochter auf die Straße. Ihnen ist nicht klar, was sie dort tun soll, aber vielleicht möchten Sie es auch gar nicht wissen. ...
Eine Haustür steht offen. Sie sind neugierig und werfen einen kurzen Blick hinein: Sie sehen ein hohes helles Zimmer, die Küche und das Schlafzimmer sind durch Verschläge abgetrennt. Hier wird auf Ordnung und Sauberkeit Wert gelegt; Gemütlichkeit sollen die kleinen Bilder ausstrahlen, die über dem Sofa hängen. ... Sie möchten nicht von den Mietern überrascht werden und steigen weiter nach oben. Im dritten Stock wohnt eine schwerkranke alte Frau. Durch die dünne Tür hören Sie ihre asthmatischen Anfälle. Viel Zeit wird ihr wohl nicht mehr bleiben. ...
Es ist heiß und stickig hier im Treppenhaus. Je weiter Sie nach oben kommen, desto unerträglicher wird die Atmosphäre. Etwas raschelt hinter den Tapeten. ... Aber Sie wollen alles sehen. Daher steigen Sie bis auf den Dachboden. Hier versuchen Sie, erst einmal zu Atem zu kommen. Es ist muffig und stickig hier oben, der Geruch nach Mottenpulver liegt in der Luft. ... Die schwere, eisenbeschlagene Tür steht offen und Sie werfen einen Blick ins Innere: Ein unglaubliches Durcheinander von Plunder liegt über- und nebeneinander. ... Eine Wendeltreppe führt nach oben auf den Spitzgiebel. Nebenräume sind in

diesem düsteren Raum, den kein Tageslicht erhellen kann, mehr zu erahnen als zu sehen. ...

Sie möchten einen Schritt nach innen tun, aber etwas quietscht unter Ihren Füßen. Sie streift eine schnelle Bewegung. Sie sehen genauer hin und erschrecken: Ratten. Eine hätten Sie fast zertreten, andere kommen auf Sie zu. ... Sie wirken nicht so, als ob sie Angst vor Ihnen hätten. Sie drehen um und lassen, so schnell Sie können, Stockwerk für Stockwerk hinter sich. Frischluft ist das, was Sie jetzt am dringendsten brauchen. ...

3 Die Rückreise (Das Zurückholen)

Sie kommen wieder im Parterre an und treten erleichtert vor die Tür. Sie sehen das Tageslicht wieder, atmen tief durch und entspannen sich wieder. ... Die Sonne steht allmählich tief am Horizont und wird bald untergehen. Sie genießen die letzten warmen Strahlen der Abendsonne und Ihnen ist bewusst, dass Ihr Tagesausflug dem Ende entgegengeht und Sie sich für heute von Ihrer Lieblingsstadt Berlin verabschieden müssen. ... Sie beobachten eine Schwalbe, die anmutig durch die Voltairestraße Richtung Alexanderplatz fliegt. Sie werfen einen letzten Blick auf die schönen stuckverzierten Altbauten der Stadt und gehen dem Vogel langsam hinterher. ...

Die Schwalbe fliegt hierher und auch Sie kehren allmählich in diesen Raum zurück. Sie schauen sich noch einmal um und Sie erkennen in der Ferne die Silhouette Berlins. ... Sie freuen sich auf Ihr Leben im Hier und Jetzt und fühlen sich heiter und beschwingt ... Sie betreten zielstrebig diesen Raum, erfüllt von den Eindrücken Ihrer Reise ... Sie atmen ruhig, tief und langsam. ... Kommen Sie nun wieder ganz hierher zurück, werden wieder wach hier in diesem Raum! ... Öffnen Sie daher nun Ihre Augen! ...

Autorentext

■ Reflektieren Sie die inneren Bilder zu dem Leben in einer Großstadt um 1900, indem Sie spontan Eindrücke zu Papier bringen: Was sehen, hören und fühlen Sie? Beginnen Sie Ihren Text mit: „Ich begebe mich aus diesem Raum heraus und befinde mich ..."

Traditionelles und modernes Erzählen im Vergleich

	traditionelles Erzählen	modernes Erzählen
Weltbild	geschlossen, einfach, übersichtlich, konkret, vertraut, harmonisch, klare Wertmaßstäbe (Gut vs. Böse)	gespalten, offen, kompliziert, verworren, abstrakt, verfremdet, unharmonisch, unsichere Werte(-flut)
Mensch	<ul><li>lebt in völliger Übereinstimmung mit sich selbst, harmonischer Zusammenklang zwischen Ich und Umwelt</li><li>strebt nach Bildung, Kultur, reiner Menschlichkeit, Einfachheit, Güte, Größe, Schönheit, Kunst, Wissenschaft</li><li>verzichtet auf Bedürfnisse des täglichen Lebens bzw. materielle Güter</li><li>sucht Erfüllung des Daseins in verschiedenen Formen der Liebe (Gott, Eltern, Gatte, Natur, Vaterland, Kunst usw.)</li><li>orientiert sich an positiven Werten (das Schöne, Wahre, Gute)</li></ul>	<ul><li>wird sich selber fragwürdig und fremd</li><li>ist unsicher und orientierungslos</li><li>Auflösung familiärer Bindungen</li><li>Diskrepanz zwischen der „Welt des schönen Scheins" (materieller Wohlstand) und dem „wahren Sein" (Gefühlsarmut)</li><li>Verwahrlosung, Vergnügungssucht, Langeweile, Neugier</li><li>Verwilderung der Sitten bzw. Moral</li><li>Streben nach Erhaltung der materiellen Existenz</li><li>Proletarisierung, Anonymität, Massen vs. Individuum</li><li>Negatives, Hässliches, Perversionen (vom Normalen abweichend)</li></ul>
Metaphysik	<ul><li>Akzeptieren des Irrationalen (z. B. als Gottes Wille)</li><li>Religion, Glaube an Gott</li><li>Welt und Ordnung sind gottgegeben bzw. gottgewollt</li></ul>	<ul><li>Ausklammern des Irrationalen bzw. Einbruch des Irrationalen als Bedrohung</li><li>Ablehnung von Gott</li><li>Ablehnung einer metaphysischen Welt überhaupt</li></ul>
Held	<ul><li>positiver Held, starke Persönlichkeit</li><li>klar benennbare Eigenschaften</li><li>innerlich ausgewogen</li><li>an Werte gebunden</li><li>zur Selbstbestimmung fähig</li><li>aktiv, vorwärts strebend</li><li>sozial verpflichtet</li><li>kommunikativ</li></ul>	<ul><li>negativer Held, entpersönlicht</li><li>ohne Eigenschaften</li><li>schizophren bzw. gespalten, abnorm</li><li>orientierungslos, fremdbestimmt, ausgeliefert</li><li>passiv, mit sich und der unbewältigten Vergangenheit bzw. Gegenwart beschäftigt</li><li>einsam, ausgestoßen</li><li>sprachlos („innerer Monolog")</li></ul>
Handlung	<ul><li>abgeschlossen</li><li>linear bzw. chronologisch</li><li>klarer Aufbau</li><li>innere neben äußerer Handlung</li><li>in sich schlüssig</li></ul>	<ul><li>oft fragmentarisch (Teile fehlen bzw. sind unvollständig, häufige Leerstellen)</li><li>Simultantechnik, Zeitsprünge, unvermittelter Beginn</li><li>komplexe Gliederung, Montagetechnik, Experiment</li><li>Dominanz innerer Vorgänge, Widerspruch von innerer und äußerer Handlung</li></ul>
Erzähler	<ul><li>auktoriale Erzählweise</li><li>Einhaltung klarer Gattungsgrenzen</li></ul>	<ul><li>personale Erzählweise</li><li>häufiger Perspektivenwechsel („Multiperspektivität")</li><li>Freiheit des Erzählers: Auflösung und Vermischung von Gattungen, Stilen</li></ul>
Sprache	durchgängiger, einheitlicher Gebrauch der Standardsprache	Differenzierung entsprechend der Charaktere der Figuren (Dialekt, Jargon, Auflösung der Syntax usw.)
Funktion der Literatur	Literatur soll „etwas Höheres" sein, das den Leser über das gewöhnliche Leben hinaushebt. Der Leser soll sich als Mensch „reiner und größer" empfinden.	Literatur soll das chaotische Innenleben darstellen; sie soll verunsichern, provozieren, schockieren. Der Leser soll über sich und seine Umwelt nachdenken.

BBS I Lüneburg: Hilfestellungen für Schülerinnen und Schüler. Gegenüberstellung traditionelles und modernes Erzählen. Lüneburg o. J. Zitiert nach URL: www.bbs1-lueneburg.de/joomla/images/files/deutsch/deutsch_homepage/trad_mode_erzaehlweisen_1.pdf (Abrufdatum: 18.10.2014), leicht verändert

Ablauf eines Gruppenpuzzles (Folie)

Gruppenpuzzle

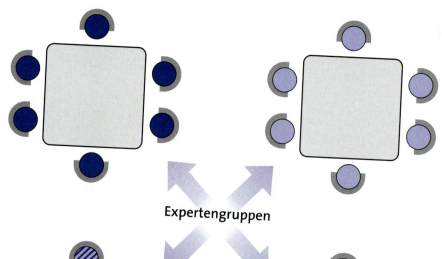

Expertengruppen

Phase 1:

- ✓ Jede Expertengruppe bearbeitet ihren jeweiligen Arbeitsauftrag.
- ✓ Anschließend muss jedes Gruppenmitglied mit den Arbeitsergebnissen vertraut sein.

- - - - - - - - - - - **Wechsel** - - - - -

Phase 2:

- ✓ In den Mischgruppen muss immer mindestens ein Vertreter jeder Expertengruppe sein.

- ✓ Die in den Expertengruppen erarbeiteten Ergebnisse werden ausgetauscht, erläutert und in die eigenen Unterlagen übernommen.

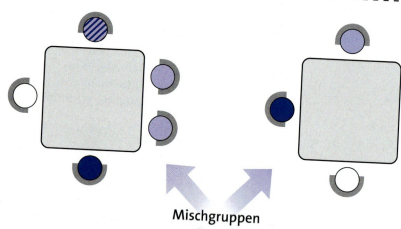

Mischgruppen

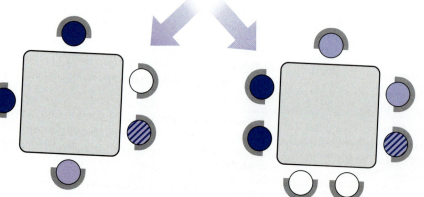

Friedrich Nietzsche: Über Wahrheit und Lüge im außermoralischen Sinne

Der deutsche Philosoph Friedrich Nietzsche (1844–1900) zählte zu den einflussreichsten Persönlichkeiten des ausgehenden 19. Jahrhunderts. In seiner bereits 1873 verfassten, jedoch erst 1896 veröffentlichten Schrift „Über Wahrheit und Lüge im außermoralischen Sinne" stellt er den Wahrheitsanspruch der Sprache als einer der Ersten seiner Zeitgenossen grundlegend infrage. Die Schrift markiert deshalb den Beginn eines intensiven Diskurses über Sprachkritik und Sprachskepsis um die Jahrhundertwende.

[...] Jetzt wird [...] das fixiert, was von nun an „Wahrheit" sein soll, das heißt, es wird eine gleichmäßig gültige und verbindliche Bezeichnung der Dinge erfunden, und die Gesetzgebung der Sprache gibt auch die ersten Gesetze der Wahrheit: Denn es entsteht hier zum ersten Male der Kontrast von Wahrheit und Lüge. Der Lügner gebraucht die gültigen Bezeichnungen, die Worte, um das Unwirkliche als wirklich erscheinen zu machen; er sagt zum Beispiel: „Ich bin reich", während für seinen Zustand gerade „arm" die richtige Bezeichnung wäre. Er missbraucht die festen Konventionen durch beliebige Vertauschungen oder gar Umkehrungen der Namen. [...] [W]ie steht es mit jenen Konventionen der Sprache? Sind sie vielleicht Erzeugnisse der Erkenntnis, des Wahrheitssinnes, decken sich die Bezeichnungen und die Dinge? Ist die Sprache der adäquate Ausdruck aller Realitäten? Nur durch Vergesslichkeit kann der Mensch je dazu kommen zu wähnen, er besitze eine „Wahrheit" in dem eben bezeichneten Grade. Wenn er sich nicht mit der Wahrheit in der Form der Tautologie[1], das heißt mit leeren Hülsen begnügen will, so wird er ewig Illusionen für Wahrheiten einhandeln. Was ist ein Wort? Die Abbildung eines Nervenreizes in Lauten. Von dem Nervenreiz aber weiterzuschließen auf eine Ursache außer uns, ist bereits das Resultat einer falschen und unberechtigten Anwendung des Satzes vom Grunde. Wie dürften wir, wenn die Wahrheit bei der Genesis[2] der Sprache, der Gesichtspunkt der Gewissheit bei den Bezeichnungen allein entscheidend gewesen wäre, wie dürften wir doch sagen: Der Stein ist hart: als ob uns „hart" noch sonst bekannt wäre, und nicht nur als eine ganz subjektive Reizung! Wir teilen die Dinge nach Geschlechtern ein, wir bezeichnen den Baum als männlich, die Pflanze als weiblich: Welche willkürlichen Übertragungen! Wie weit hinausgeflogen über den Kanon der Gewissheit! Wir reden von einer „Schlange": Die Bezeichnung trifft nichts als das Sichwinden, könnte also auch dem Wurme zukommen. Welche willkürlichen Abgrenzungen, welche einseitigen Bevorzugungen bald der, bald jener Eigenschaft eines Dinges! Die verschiedenen Sprachen, nebeneinandergestellt, zeigen, dass es bei den Worten nie auf die Wahrheit, nie auf einen adäquaten Ausdruck ankommt: Denn sonst gäbe es nicht so viele Sprachen. Das „Ding an sich" (das würde eben die reine folgenlose Wahrheit sein) ist auch dem Sprachbildner ganz unfasslich und ganz und gar nicht erstrebenswert. [...] Denken wir besonders noch an die Bildung der Begriffe. Jedes Wort wird sofort dadurch Begriff, dass es eben nicht für das einmalige ganz und gar individualisierte Urerlebnis, dem es sein Entstehen verdankt, etwa als Erinnerung dienen soll, sondern zugleich für zahllose, mehr oder weniger ähnliche, das heißt streng genommen niemals gleiche, also auf lauter ungleiche Fälle passen muss. Jeder Begriff entsteht durch Gleichsetzen des Nichtgleichen. So gewiss nie ein Blatt einem andern gleich ganz ist, so gewiss ist der Begriff Blatt durch beliebiges Fallenlassen dieser individuellen Verschiedenheiten, durch ein Vergessen des Unterscheidenden gebildet und erweckt nun die Vorstellung, als ob es in der Natur außer den Blättern etwas gäbe, das „Blatt" wäre, etwa eine Urform, nach der alle Blätter gewebt, gezeichnet, abgezirkelt, gefärbt, gekräuselt, bemalt wären, aber von ungeschickten Händen, sodass kein Exemplar korrekt und zuverlässig als treues Abbild der Urform ausgefallen wäre. [...] Was ist also Wahrheit? Ein bewegliches Heer von Metaphern, Metonymien[3], Anthropomorphismen[4], kurz eine Summe von menschlichen Relationen, die, poetisch und rhetorisch gesteigert, übertragen, geschmückt wurden und die nach langem Gebrauch einem Volke fest, kanonisch und verbindlich dünken: Die Wahrheiten sind Illusionen,

---

[1] **Tautologie** = im Bereich der Logik eine Aussage, die unabhängig vom Wahrheitswert ihrer einzelnen Bestandteile immer zutreffend ist (z. B. „Es regnet oder es regnet nicht.")

[2] **Genesis** = Schöpfungsgeschichte im 1. Buch Mose; hier: Entstehung

[3] **Metonymie** = rhetorische Figur, bei der ein Wort durch ein anderes ersetzt wird, das eigentlich eine andere Bedeutung hat, aber in enger Beziehung zu dem ursprünglichen Ausdruck steht und somit im übertragenen Sinn dasselbe meint (z. B. „das Eisen" für „das Schwert")

[4] **Anthropomorphismus** = Vermenschlichung

von denen man vergessen hat, dass sie welche sind, Metaphern, die abgenutzt und sinnlich kraftlos geworden sind, Münzen, die ihr Bild verloren haben und nun als Metall, nicht mehr als Münzen, in Betracht kommen.

Wir wissen immer noch nicht, woher der Trieb zur Wahrheit stammt: Denn bis jetzt haben wir nur von der Verpflichtung gehört, die die Gesellschaft, um zu existieren, stellt: wahrhaft zu sein, das heißt die usuellen[1] Metaphern zu brauchen, also moralisch ausgedrückt: von der Verpflichtung, nah einer festen Konvention zu lügen, herdenweise in einem für alle verbindlichen Stile zu lügen. [...]

Nur durch das Vergessen jener primitiven Metaphernwelt, nur durch das Hart- und Starrwerden einer ursprünglichen, in hitziger Flüssigkeit aus dem Urvermögen menschlicher Fantasie hervorströmenden Bildermasse, nur durch den unbesiegbaren Glauben, *diese* Sonne, *dieses* Fenster, *dieser* Tisch sei eine Wahrheit an sich, kurz nur dadurch, dass der Mensch sich als Subjekt, und zwar als *künstlerisch schaffendes* Subjekt, vergisst, lebt er mit einiger Ruhe, Sicherheit und Konsequenz: Wenn er einen Augenblick nur aus den Gefängniswänden dieses Glaubens heraus könnte, so wäre es sofort mit seinem „Selbstbewusstsein" vorbei. [...] [D]er adäquate Ausdruck eines Objekts im Subjekt – ein widerspruchsvolles Unding: Denn zwischen zwei absolut verschiedenen Sphären, wie zwischen Subjekt und Objekt, gibt es keine Kausalität, keine Richtigkeit, keinen Ausdruck, sondern höchstens ein *ästhetisches* Verhalten, ich meine eine andeutende Übertragung, eine nachstammelnde Übersetzung in eine ganz fremde Sprache: Wozu es aber jedenfalls einer frei dichtenden und frei erfindenden Mittelsphäre und Mittelkraft bedarf. Das Wort „Erscheinung" enthält viele Verführungen, weshalb ich es möglichst vermeide: Denn es ist nicht wahr, dass das Wesen der Dinge in der empirischen Welt erscheint. Ein Maler, dem die Hände fehlen und der durch Gesang das ihm vorschwebende Bild ausdrücken wollte, wird immer noch mehr bei dieser Vertauschung der Sphären verraten, als die empirische Welt vom Wesen der Dinge verrät. Selbst das Verhältnis eines Nervenreizes zu dem hervorgebrachten Bilde ist an sich kein notwendiges: Wenn aber dasselbe Bild Millionen Mal hervorgebracht und durch viele Menschengeschlechter hindurch vererbt ist, ja zuletzt bei der gesamten Menschheit jedes Mal infolge desselben Anlasses erscheint, so bekommt es endlich für den Menschen dieselbe Bedeutung, als ob es das einzig notwendige Bild sei und als ob jenes Verhältnis des ursprünglichen Nervenreizes zu dem hergebrachten Bilde ein strenges Kausalitätsverhältnis sei: wie ein Traum, ewig wiederholt, durchaus als Wirklichkeit empfunden und beurteilt werden würde.

Aus: Nietzsche, Friedrich: Über Wahrheit und Lüge im außermoralischen Sinne. In: Schlechta, Karl: Friedrich Nietzsche. Werke in drei Bänden. Band 3. München 1966, S. 309ff.

---

[1] **usuell** = gängig, gebräuchlich, üblich

1. Fassen Sie Friedrich Nietzsches zentrale Thesen, die Anlass zur Sprachskepsis geben, zusammen. Erläutern Sie in diesem Zusammenhang auch den Titel seiner Schrift.

2. Lesen Sie Rainer Maria Rilkes Gedicht „Ich fürchte mich so vor der Menschen Wort" (Schülerarbeitsheft, S. 60) erneut und vergleichen Sie die Sichtweisen beider Dichter.

Checkliste für den „Master of Ceremony" zur Organisation des Poetry-Slams[1]

Ablauf
- Zeitplan (Beginn, Ende, Pausen) aufstellen
- Anzahl der Runden (Qualifikation in Gruppen, Finalrunde) festlegen
- Startliste der Live-Poeten („Slammer") erstellen

Räumlichkeiten
- technische Voraussetzungen (Mikrofon, Lautsprecher, Musikanlage) überprüfen bzw. schaffen
- Bühne (Lampe, Bilder, Stuhl/Hocker) gestalten

Musik/DJ
- Musikauswahl für die Pausen treffen und Playlist zusammenstellen
- akustisches Signal zum Ende der Redezeit vereinbaren

Unterhaltungsprogramm
- Vorprogramm zur Einstimmung des Publikums planen
- evtl. Special-Guests einladen
- Witze bzw. Sprüche für die Moderation überlegen

Bewertung/Siegerehrung
- Regeln (Zeitlimit, Regelverstoß, Bewertung) zusammenstellen[2]
- ggf. Stimmzettel vorbereiten
- witzige „Preise" (mit symbolischem Wert) besorgen

---

[1] Nähere Informationen zum Poetry-Slam sind im Internet unter www.arte.tv/de/Kultur-entdecken/Poetry-Slam/Poetry-Slam-von--A-Z-/1773528,CmC=1763232.html (Abrufdatum: 20.10.2014) zu finden.

[2] Entsprechende Anregungen sind auf den Internetseiten der verschiedenen Veranstalter von Poetry Slams zu finden, wie z. B. das Regelwerk des Vereins Dichterschlacht e. V., das unter www.dichterschlacht.de hinterlegt ist.

Formen der Lyrikverfilmung

> „Die Lyrik ist das Poetische schlechthin. [...] Sie ist die feinste und reizvollste Blüte der Dichtung. Sie ist Magie. Jedes Wort ist Beschwörung."
>
> *Novalis (1772–1801)*

Regisseur Ralf Schmerberg greift diesen Gedanken auf und setzt in seinem Filmprojekt „Poem" (D 2004) deutschsprachige Lyrik in bewegte Bilder um, welche den Ausdruck der Gedichte noch verstärken sollen, indem die transportierten Gefühle wie Liebe, Leid, Angst, Freude usw. mit mehreren Sinnen erfahrbar gemacht werden.

Eine Lyrikverfilmung stellt bereits eine Interpretation des ursprünglichen Textes dar, wobei der interpretatorische Spielraum des Betrachters unterschiedlich groß ist – je nachdem, für welche der drei **Formen der Lyrikverfilmung** sich der Produzent entscheidet:

Rezitation	Inszenierung von Einzelbildern	Komplexe Kontextualität
= künstlerischer Vortrag einer Dichtung	= Illustration bzw. Bebilderung einer Dichtung	= Herstellen inhaltlicher und gedanklicher Zusammenhänge

Interpretatorischer Spielraum

Beispiel:	Beispiel:	Beispiel:

Abb. in Anlehnung an: Hesse, Matthias/Krommer, Axel/Müller, Julia: „Poem" – Lyrikverfilmungen als Impuls für den Deutschunterricht. In: Westermann Verlag (Hrsg.): Deutschunterricht. Heft 3. Juni 2005. Braunschweig 2005, S. 48

1. *Erläutern Sie das vorliegende Schaubild.*
2. *Schauen Sie sich exemplarisch Ralf Schmerbergs Verfilmungen der Gedichte*
   - *„Der Schiffbrüchige" (Heinrich Heine, 1827),*
   - *„Nach grauen Tagen" (Ingeborg Bachmann, 1944),*
   - *„Kleines Solo" (Erich Kästner, 1947),*

   an und ordnen Sie diese einer der drei Kategorien begründet zu.
3. *Entscheiden Sie, in welcher Weise Sie das von Ihnen ausgewählte Gedicht verfilmen wollen.*

Einen Kurzfilm ohne Vorkenntnisse produzieren: Der 08/15-Film

Film ist Montage! Professionelle Filmemacher überlassen keine Kameraeinstellung und deren Montage dem Zufall, sondern planen die konkrete Bildgestaltung und den Ablauf der bewegten Bilder sehr genau.
Mit dem „08/15-Filmkonzept" von Christian Besuden soll dieser Kunst in den kommenden zwei Doppelstunden näher auf den Grund gegangen werden, ohne (!) sich im Vorfeld besondere Kenntnisse anzueignen. Was bei der Produktion eines 08/15-Films lediglich zu beachten ist, wird im Folgenden kurz zusammengefasst:

Gestaltung eines 08/15-Films

1. Der Film besteht aus genau **8** Einstellungen.
2. Jede Einstellung ist statisch, also ohne Kamerabewegungen (wie etwa Zoom, Kamerafahrt, Schwenk).
3. Jede der folgenden acht Einstellungsgrößen kommt genau einmal vor: Detail, Groß, Nah, Halbnah, Amerikanisch, Halbtotale, Totale und Weit.
4. Als Einstellungsverbindungen[1] sind nur harte Schnitte erlaubt.
5. Die Filmlänge beträgt maximal **15** Sekunden.
6. Als Informationsträger soll ausschließlich das bewegte Bild dienen. Es dürfen also weder Sprache noch Texte verwendet werden.
7. Musik darf nur untermalend eingesetzt werden.
   Merke: Die beste Filmmusik ist die, welche man nicht (bewusst) wahrnimmt.
8. Es erfolgt keine optische Nachbearbeitung des Kurzfilms mit digitalen Effekten, Blenden, Filtern usw.

Aus: Besuden, Christian: Der 08/15-Film. Ein Minimalkonzept zum Einstieg in die Filmpraxis. In: Kunst und Unterricht. Filme verstehen. Friedrich Verlag. Heft Nr. 386/2014, S. 28–31

■ Gestalten Sie in Ihrer Kleingruppe einen 08/15-Film zum Thema „Die Begegnung" nach den oben angeführten Vorgaben.
(Für dieses Filmprojekt stehen Ihnen zwei Doppelstunden zur Verfügung!)

Hinweis
Ihr Filmteam besteht aus drei Personen, die jeweils andere Aufgabenschwerpunkte haben:
- Der **Storyboarder** ist für die Planung (Storyboard, Drehplan) verantwortlich.
- Der **Kameramann** ist für die Durchführung (Kamera, Zubehör) zuständig.
- Der **Cutter** kümmert sich um die Nachbearbeitung (Schnitt, Vertonung).

---

[1] Einstellungsverbindung = Übergang von einer Kameraeinstellung zur nächsten, der entweder hart (harter Schnitt) oder weich (Blende) erfolgt; mögliche Formen der Gestaltung:
- Cut in: Schnitt in das Geschehen hinein
- Cut back: Schnitt aus dem Geschehen heraus
- Cut away: Schnitt vom Geschehen weg
- Content match: Montage motivgleicher Bildinhalte
- Eyeline match: Anpassung der Kameraperspektiven an die Blickrichtungen der Darsteller
- Match on action: Umschnitt während bzw. inmitten einer Handlungseinheit („unsichtbarer Schnitt")

Literaturhinweise

Bahr, Hermann: Das Hermann Bahr Buch. Unikum Verlag. Barsinghausen 2012

Bauer, Roland: Lernen an Stationen. Neue Möglichkeiten schülerbezogenen und handlungsorientierten Lernens. In: Julius GmbH & Co. KG Beltz (Hrsg.), Pädagogik. Praktikanten, Referendare und Mentoren. Heft 7–8/98. Beltz Verlag. Basel und Weinheim 1998, S. 25–27

BBS I Lüneburg: Hilfestellungen für Schülerinnen und Schüler. Gegenüberstellung traditionelles und modernes Erzählen. Lüneburg o. J. Zitiert nach URL: www.bbs1-lueneburg.de/joomla/images/files/deutsch/deutsch_homepage/trad_mode_erzaehlweisen_1.pdf (Abrufdatum: 18.10.2014)

Blom, Philipp: Der taumelnde Kontinent. Europa 1900–1914. 6. Auflage. München 2014

Böhm, Karin/Petilliot-Becker, Ilse: Lernen an Stationen in der Sekundarstufe I. Themenheft: Rund um den Film. Cornelsen Verlag Scriptor. Berlin 1997

Brüning, Ludger/Saum, Tobias: Erfolgreich unterrichten durch Visualisieren. Grafisches Strukturieren mit Strategien des Kooperativen Lernens. 2. Auflage. NDS-Verlagsgesellschaft. Essen 2009

Catani, Stephanie: Das fiktive Geschlecht. Weiblichkeit in anthropologischen Entwürfen und literarischen Texten zwischen 1885 und 1925. Verlag Königshausen & Neumann. Würzburg 2005

Dieter, Jörg: Wie ein Kristall auf einem bunten Tisch. Ein didaktisches Modell zu Hugo Balls „Karawane". In: Stadt Pirmasens/Hugo-Ball-Gesellschaft (Hrsg.): Hugo Ball Almanach. Heft 23. Pirmasens 1999, S. 155–177

Einsiedel, Wolfgang von (Hrsg.): Kindlers Literatur Lexikon in 25 Bänden. München 1993

Geldsetzer, Lutz: Philosophische Anthropologie. Materialien zur Vorlesung. Düsseldorf 2000. Zitiert nach URL: www.phil-fak.uni-duesseldorf.de/philo/geldsetzer/anthro/index.htm (Abrufdatum: 18.10.2014)

Goddemeier, Christof: Gottfried Benn. Vollendung und Faszination. In: Bundesärztekammer (Hrsg.): Deutsches Ärzteblatt. Heft 8. August 2006. Köln 2006, S. 362

Greve, Ludwig/Doster, Ute/Salchow, Jutta: Gottfried Benn 1886–1956. Eine Ausstellung des Deutschen Literaturarchivs im Schiller-Nationalmuseum Marbach am Neckar. 3., durchgesehene Auflage. Marbach 1987

Henzler, Harald: Die „Karawane". In: Stadt Pirmasens/Hugo-Ball-Gesellschaft (Hrsg.): Hugo Ball Almanach. Heft 17. Pirmasens 1993

Hesse, Matthias/Krommer, Axel/Müller, Julia: „Poem" – Lyrikverfilmungen als Impuls für den Deutschunterricht. In: Westermann Verlag (Hrsg.): Deutschunterricht. Heft 3. Juni 2005. Braunschweig 2005, S. 44–48

Hilmes, Carola: Die Femme fatale: Ein Weiblichkeitstypus in der nachromantischen Literatur. J. B. Metzler Verlag. Stuttgart 1997

Janz, Rolf-Peter/Laermann, Klaus: Arthur Schnitzler: Zur Diagnose des Wiener Bürgertums im Fin de Siècle. J. B. Metzler Verlag. Stuttgart 1977

Kaufmann, Walter: Nietzsche. Philosoph, Psychologe, Antichrist. Darmstadt 1988

Kiesel, Helmuth: Geschichte der literarischen Moderne. Sprache, Ästhetik, Dichtung im zwanzigsten Jahrhundert. C. H. Beck Verlag. München 2004

Koch, Manfred: Kriegserlebnis und Dichtung. Deutsche und englische Lyrik im Krieg. Neue Zürcher Zeitung vom 25. Januar 2014. Zitiert nach URL: www.nzz.ch/aktuell/ feuilleton/literatur-und-kunst/kriegserlebnis-und-dichtung-1.18228415 (Abrufdatum: 19.10.2014)

Lorenz, Dagmar: Wiener Moderne. 2., aktualisierte und überarbeitete Auflage. J. B. Metzler Verlag. Stuttgart 2007

Literaturhinweise

Niedersächsisches Kultusministerium: Kerncurriculum für das Gymnasium – gymnasiale Oberstufe, die Gesamtschule – gymnasiale Oberstufe, das Fachgymnasium, das Abendgymnasium, das Kolleg. Deutsch. Hannover 2009

Nürnberger, Helmuth u. a. (Hrsg.): Theodor Fontane: Werke, Schriften und Briefe. Carl Hanser Verlag. München 1980

Payrhuber, Franz-Josef: Gedichte im Unterricht – einmal anders. Praxisbericht mit vielen Anregungen für das 5. bis 10. Schuljahr. 4. Auflage. Oldenbourg Schulbuchverlag. München 1999

Prossliner, Johann: Lexikon der Nietzsche-Zitate. Deutscher Taschenbuch Verlag. München 2001

Rilke, Rainer Maria: Die Aufzeichnungen des Malte Laurids Brigge. Text und Kommentar. Suhrkamp BasisBibliothek 17. 3. Auflage. Suhrkamp Verlag. Frankfurt am Main 2013

Schmerberg, Ralf: Poem. Ich setzte den Fuß in die Luft und sie trug. Lingua Video. Bonn 2004

Schwerte, Hans: Maltes Angst. Zu Rilkes Aufzeichnungen des Malte Laurids Brigge. In: Foltinek, Herbert/Höller, Hans/Rössner, Michael (Hrsg.): Sprachkunst. Beiträge zur Literaturwissenschaft. Heft 2. Jg. 25. Wien 1994, S. 309–319

Völker, Ludwig (Hrsg.): Lyriktheorie. Texte vom Barock bis zur Gegenwart. Universal-Bibliothek Nr. 8657. Philipp Reclam jun. Verlag. Stuttgart 1990

Waldmann, Günter: Produktiver Umgang mit Lyrik. Eine systematische Einführung in die Lyrik, ihre produktive Erfahrung und ihr Schreiben. 11. Auflage. Schneider Verlag Hohengehren. Baltmannsweiler 2010